POR QUE O SOCIALISMO RUIU?

*de Berlim a Moscou
1989-1991*

Paulo Fagundes Visentini

POR QUE O SOCIALISMO RUIU?

de Berlim a Moscou 1989-1991

POR QUE O SOCIALISMO RUIU?
DE BERLIM A MOSCOU - 1989-1991
© Almedina, 2021
AUTOR: Paulo Fagundes Visentini

DIRETOR ALMEDINA BRASIL: Rodrigo Mentz
EDITOR DE CIÊNCIAS SOCIAIS E HUMANAS: Marco Pace
ASSISTENTES EDITORIAIS: Isabela Leite e Larissa Nogueira

REVISÃO: Gabriela Leite e Isabela Leite
DIAGRAMAÇÃO: Almedina
DESIGN DE CAPA: Roberta Bassanetto
IMAGEM DE CAPA: Foto do autor – Leipzig, 2018.

ISBN: 9786586618549
Setembro, 2021

Dados Internacionais de Catalogação na Publicação (CIP)
(Câmara Brasileira do Livro, SP, Brasil)

Visentini, Paulo Fagundes
Por que o socialismo ruiu? : de Berlim a Moscou
1989-1991 / Paulo Fagundes Visentini. --
São Paulo : Edições 70, 2021.

Bibliografia
ISBN 978-65-86618-54-9

1. Ciências políticas 2. Socialismo - História
3. Socialismo - História - Século 20 I. Título..

21-71454   CDD-320.5310904

Índices para catálogo sistemático:

1. Socialismo : Século 20 : Ciência política : História 320.5310904

Maria Alice Ferreira - Bibliotecária - CRB-8/7964

Este livro segue as regras do novo Acordo Ortográfico da Língua Portuguesa (1990).

Todos os direitos reservados. Nenhuma parte deste livro, protegido por copyright, pode ser reproduzida, armazenada ou transmitida de alguma forma ou por algum meio, seja eletrônico ou mecânico, inclusive fotocópia, gravação ou qualquer sistema de armazenagem de informações, sem a permissão expressa e por escrito da editora.

EDITORA: Almedina Brasil
Rua José Maria Lisboa, 860, Conj.131 e 132, Jardim Paulista | 01423-001 São Paulo | Brasil
editora@almedina.com.br
www.almedina.com.br

*De todos os ódios, nenhum supera o da
ignorância contra o conhecimento.*

Galileu Galilei

SUMÁRIO

APRESENTAÇÃO – OS MITOS DE 1989-1991   9

  1989-1991: dos mitos do colapso ao colapso dos mitos   11

INTRODUÇÃO: O QUE É "SOCIALISMO"?   17

  Esquerdismo, marxismo, socialismo e comunismo   17

  Revoluções e regimes socialistas no século 20   23

1. DE MOSCOU À BERLIM: O SOCIALISMO QUE VEIO DO FRIO
(1917-1967)   33

  Revolução Russa: Marx ou Lenin? Stalin: o socialismo

  em um só país   34

  Revolução ou Geopolítica? A URSS na Segunda Guerra

  Mundial e na Guerra Fria   45

  O socialismo chega ao ocidente e ao oriente: o leste

  da Europa e da Ásia   58

2. APOGEU E ESTAGNAÇÃO DO SOCIALISMO DESENVOLVIDO
(1968-1988)   75

  Dinamismo externo e estagnação interna: política, ideologia

  e economia   76

  Crise e Nova Guerra Fria: tecnologia, Polônia, Afeganistão

  e mísseis   88

  Gorbachev: Perestroika, Glasnost e Novo Pensamento

  Diplomático   93

3. EUROPA ORIENTAL: DA DÍVIDA EXTERNA À "REVOLUÇÃO" (1989) 103

A transição polonesa-húngara e o fim do Muro de Berlim
foram revoluções?. 105
Fim do regime na RDA e Tchecoslováquia, golpes na Bulgária
e Romênia 117
A tragédia da Iugoslávia: separatismo, Guerra Civil
e intervenção externa. 129

4. DE BERLIM A MOSCOU: QUEDA DO PCUS E FIM DA URSS (1990-1991) 139

Pacificação internacional, tensão doméstica e o divórcio
Partido-Estado 140
Iéltsin x Gorbachev: ascensão das forças pró-mercado
e os nacionalismos 148
1991: plebiscito, golpe/contragolpe e desintegração
da federação 154

5. DEBATES ATUAIS E PERSPECTIVAS FUTURAS 163

O que provocou o desmoronamento do socialismo
de tipo soviético? 164
Como o socialismo sobreviveu na Ásia e em Cuba?
O que é hoje?. 173
Por que o Leste se tornou antiliberal, autoritário
e "nacional-populista"? 181

LEITURAS INDICADAS 187

APRESENTAÇÃO – OS MITOS DE 1989-1991

Em 1989, ano do bicentenário da Revolução Francesa, Berlim se tornou o epicentro de acontecimentos revolucionários que mudariam a história do século 20 e culminariam, em 1991, com a queda do regime socialista e da própria URSS. O objetivo deste ensaio, destinado ao grande público e escrito durante a pandemia da covid-19, é discutir, desde uma perspectiva inovadora, as razões do surpreendente colapso do sistema soviético. Como um pequeno partido conseguiu conquistar o poder em um país atrasado, torná-lo uma superpotência e controlá-lo por 74 anos, desafiando o capitalismo? Por que caiu quando era poderoso, sem uma guerra, e quais foram as consequências para o mundo?

As respostas quase sempre seguem o senso comum de clichês ideológicos, sem que muitas pessoas tenham um conhecimento básico sobre o que é (ou foi) o socialismo e sobre a história das nações do Leste Europeu e da URSS. Países com nomes e idiomas estranhos, que nos são apresentados como um romance de espionagem, muitas vezes por pessoas que pouco sabem. Ao se estudar a queda do Leste Europeu, geralmente se presta muita atenção aos intelectuais da sociedade civil, mas não aos trabalhadores, à Igreja, à economia mundial e à "sociedade incivil", os burocratas reformistas do regime. Após quarenta anos de docência universitária, tendo acompanhado os acontecimentos de 1989-1991 e reunido material da época e feito pesquisas desde então, já há distanciamento histórico para mostrar realidades pouco conhecidas, que explicam muitos problemas atuais.

Foi no Reino Unido, em pós-Doutorado na London School of Economics e na Cátedra de Relações Internacionais, que ocupei na Universidade de Oxford, onde obtive as obras mais inovadoras que embasam a reinterpretação aqui apresentada. Também haver conhecido (em seminários, pesquisa ou turismo), desde os anos 1990, quase todos os países analisados, tanto os que permaneceram socialistas como os que deixaram de ser, auxiliou a conferir o que os livros diziam. De Berlim a Moscou, de Budapeste a Pyongyang, de Hanói a Havana, pude observar a atitude das pessoas simples em seu ambiente cotidiano e trocar um olhar, o que revela muito da dimensão psicossocial do outro (os olhos não enganam, diferentemente das palavras).

O objetivo do livro é produzir luz (do conhecimento), e não calor (da política). É história, que precisa ser recontada, à luz de novas pesquisas em documentos posteriormente revelados e obras de especialistas que mostram a complexidade dos fatos e processos, bem como os equívocos de certas interpretações correntes. Pontos relevantes da obra são: 1) se foi Lenin quem adaptou o marxismo e conquistou o poder, foi Stalin (com a dureza do aço) quem moldou o sistema, como *Socialismo em um Só País*; 2) a expansão do socialismo logo após a Segunda Guerra Mundial não foi planejada, mas reativa e improvisada, gerando tanto ganhos como dificuldades para a URSS; 3) os regimes do Leste Europeu não foram derrubados por revoltas populares mas por negociações iniciadas dentro do próprio sistema (apoiados por Gorbachev) para superar a crise econômica; 4) a *Perestroika* não possuía uma estratégia bem planejada nem seu líder era capacitado para empreender tais reformas; 5) a causa imediata do fim do regime soviético foi a separação do Partido em relação ao Estado feita por Gorbachev e sua rivalidade com Iéltsin; e por fim 6) o colapso da Federação foi causado pela saída da Rússia, com base em uma disputa econômica e político-administrativa, e não devido ao suposto separatismo étnico-nacionalista das outras nacionalidades.

Para embasar tal interpretação, a obra foi redigida para mostrar ao leitor a lógica do sistema e a situação "desde dentro", podendo-se ter uma visão nova dos acontecimentos. Não há qualquer intenção de condenar, inocentar ou vitimizar ninguém, pois este não é o trabalho do historiador, e, provavelmente, o livro

APRESENTAÇÃO – OS MITOS DE 1989-1991

acabe sendo incômodo tanto para gregos como troianos. A visão radicalmente crítica ao socialismo se encontra no famoso Livro Negro do Comunismo (COURTOIS, 1998). Na introdução são apresentados conceitos políticos importantes para a compreensão do que era o socialismo soviético, enquanto o primeiro capítulo descreve, brevemente, meio século da "idade de ouro" deste sistema. No segundo capítulo é analisado seu apogeu e perda de vitalidade nas duas décadas seguintes. Nos capítulos terceiro e quarto, de Berlim à Moscou, são apresentadas, respectivamente, a sua queda no Leste Europeu e na própria URSS. Por fim, no último capítulo há uma discussão sobre as causas do colapso do socialismo europeu, da sua sobrevivência (adaptada) na Ásia e em Cuba, bem como a situação atual dos países ex-socialistas e da esquerda ocidental. No final é apresentada uma bibliografia para aprofundamento do tema para os que assim o desejarem.

1989-1991: DOS MITOS DO COLAPSO AO COLAPSO DOS MITOS

Uma pergunta continua inquietando aqueles que não se convencem com respostas prontas e explicações simplistas: *por que o socialismo ruiu e a União Soviética implodiu?* Há três décadas, no início de 1989, o socialismo como regime político aparentava ainda ser um sistema consolidado, forte e em fase de renovação. A URSS acabara de comemorar, com muita pompa, os 70 anos da Revolução de 1917, sob a inspiração da *Perestroika*. Um terço da humanidade vivia sob tal sistema, com fotos de Marx, Lenin e de algum líder comunista nacional em todos os espaços públicos e em muitos privados. Habitavam uma constelação de mais de 30 Estados, que ocupava também um terço da superfície terrestre, e se autodeclaravam marxistas-leninistas, socialistas ou de orientação socialista. Além de disporem de recursos humanos, militares e tecno-científicos formidáveis, eram responsáveis por aproximadamente um quinto da produção mundial.

Nos anos 1970, inclusive, o número de países autodenominados socialistas havia duplicado, na esteira de um conjunto de

POR QUE O SOCIALISMO RUIU?

revoluções vitoriosas no Terceiro Mundo (atualmente Sul Geopolítico). Enquanto a crise do petróleo (1973) atingia a economia capitalista mundial, sobretudo os Estados Unidos, a Europa Ocidental e o Japão, uma "onda revolucionária" abalava a ordem internacional. Do Vietnã à Nicarágua, de Angola ao Afeganistão, mais de uma dúzia de países se juntou à "família socialista", com a derrubada de muitos regimes estratégicos e fiéis aliados dos EUA e da Europa. O exército norte-americano se retirava do Vietnã e, logo, uma enorme estátua de Lenin era inaugurada na Etiópia, onde uma monarquia milenar fora derrubada. A República Popular da China, antes radicalizada pela Revolução Cultural e isolada externamente, iniciava suas reformas econômicas rumo ao desenvolvimento e se tornava Membro Permanente do Conselho de Segurança da ONU em 1971, sendo aceita na comunidade internacional.

Parecia que o socialismo avançava em todos as frentes na "década revolucionária" de 1970. Apesar da contraofensiva de Ronald Reagan durante a "década conservadora" de 1980, mesmo em meio à escalada de guerras civis e regionais os regimes socialistas se mantiveram de pé. Perderam apenas a minúscula ilha caribenha de Granada em 1983, invadida pelos *marines,* mas ocorreu o triunfo de uma revolução marxista de perfil cubano em Burkina Faso, no mesmo ano. Ainda em 1988, tropas cubanas e angolanas derrotaram os sul-africanos e a UNITA na batalha de Cuito Cuanavale, obrigando o regime racista do *apartheid* a negociar; e cubanos e sul-africanos se retiraram no ano seguinte. No início de 1989 os soviéticos saíram do Afeganistão e os vietnamitas do Camboja e, ainda assim, os regimes socialistas locais *protegés* conseguiram sobreviver política e militarmente. Em meio a esta situação, um agente de inteligência norte-americano baseado na Alemanha avaliou que "não há indícios de que a eliminação do Muro de Berlim venha a ocorrer em nossa geração".

Contudo, as aparências podem ser, e foram, enganosas. Como disse Karl Marx um século e meio antes, "tudo que é sólido desmancha no ar e tudo que é sagrado será profanado". E Maquiavel argumentara, com base no mais puro realismo, que o momento

APRESENTAÇÃO – OS MITOS DE 1989-1991

mais perigoso para um mau governo era quando ele resolvia se reformar (ou se "corrigir"). De fato, quatro anos antes, em 1985, Mikhail Gorbachev iniciara mudanças que sinalizavam liberalização política, paz internacional (com desmilitarização) e bem-estar social, com base em melhor performance da economia. Mas ao longo do ano de 1989 os Estados do Leste Europeu iniciaram a transição para sistemas políticos multipartidários e para a economia de mercado, a partir de eventos que foram considerados *Revoluções Democráticas da Sociedade Civil*, cujo símbolo emblemático foi a queda do Muro de Berlim. A onda de transformação, propagada desde Moscou, e que golpeou o Muro de Berlim, como um bumerangue retornou e atingiu o *Kremlin*, o coração do mundo comunista. Dois anos depois, em 1991, o sistema socialista soviético ruiu e a URSS, como Estado, desintegrou-se.

Paralelamente ao abandono do socialismo pelos Estados do Leste Europeu, sem contar mais com o apoio soviético, o mesmo fenômeno ocorria no Oriente Médio, na África e na América Latina com os regimes revolucionários surgidos nos anos 1970. Após a repressão aos manifestantes da Praça Tiananmen, em 1989, só se mantinham os regimes socialistas da Ásia (China, Vietnã, Coreia do Norte e Laos) e Cuba, os quais não pareciam ter condições de sobreviver por muito tempo. Enquanto a União Soviética se desintegrava, a Iugoslávia mergulhava em uma sangrenta guerra civil, em plena Europa. Mesmo quando partidos e líderes socialistas continuavam no poder, o sistema era abandonado (Angola, Moçambique), e outros eram removidos pelo voto (Nicarágua) ou pelas armas (Etiópia, Afeganistão).

Assim, o século 20 histórico acabou, bruscamente, uma década antes do século cronológico. Em alguns meses o mundo mudou de forma radical e, comparado com dez anos antes, a guinada fora de 180 graus. Justamente quando a Revolução Francesa comemorava seus 200 anos, uma outra Revolução varria o leste da Europa, em um ritmo avassalador. A velocidade dos acontecimentos, contudo, produziu uma narrativa jornalística e político-ideológica dominante de triunfo completo e definitivo do liberalismo político e econômico sobre o socialismo autoritário e a economia estatizada. Não houve tempo para uma análise rigorosa e profunda porque os acontecimentos se sucederam em um turbilhão ininterrupto, que se prolongou até 1991. Quando a onda amainou, o mundo já era outro e havia novos problemas a demandar atenção. Berlim, a cidade até há pouco dividida, agora era a capital de uma Alemanha reunificada e Moscou, centro do mundo comunista, se tornara apenas a capital de uma Rússia reduzida, enfraquecida e caótica.

Uma década depois o Leste Europeu integrava a OTAN (Organização do Tratado do Atlântico Norte) e ingressava na União Europeia; era o apogeu da visão liberal sobre os acontecimentos de 1989-1991. Mas a Rússia, sob o comando de Vladimir Putin desde 1999, passou a ser considerada um regime autoritário e adversário. E com a crise financeira de 2008-2009, ascenderam ao poder em países do Leste Europeu partidos ultranacionalistas e populistas de direita, com um discurso xenófobo, antiliberal, antieuropeu, antissemita e antiglobalização. Eles próprios apresentaram outra narrativa sobre os acontecimentos de 1989, não mais como "revolução libertadora", mas como uma "traição das elites" (a "Sociedade Incivil", segundo Stephen Kotkin). O que ocorreu, que frustrou o Leste Europeu, que se considerava liberto da "opressão russo-soviética e comunista"?

Outra questão inquietante é o lugar da China no século 21, que atualmente é considerada por muitos como uma ameaça à hegemonia dos Estados Unidos e à economia dos demais países. Nos anos 1980 era uma nação pobre, que iniciava reformas de mercado e era aliada de Washington e considerada um modelo a caminho do capitalismo pelas consultorias financeiras de Nova Iorque (as mesmas que criariam depois a sigla BRICS). O Dragão Chinês não parou de crescer, se tornou a segunda economia do mundo e, segundo o FMI e o Banco Mundial, foi a única grande economia a ter taxa de crescimento econômico positiva em 2020, o ano da pandemia da covid-19. Tal performance se combinou com o lançamento da tecnologia 5G, expansão das conexões de comércio e investimentos internacionais (Nova Rota da Seda) e incremento do poder militar e espacial.

APRESENTAÇÃO – OS MITOS DE 1989-1991

A narrativa de que o inegável sucesso chinês se devia à transição para a economia de mercado deu lugar à outra: a de que a China representa uma ameaça por ter uma economia de comando que não respeita as regras do mercado e é guiada por um Partido Comunista ditatorial. Assim, a lógica do (ainda) mais populoso país segue sendo objeto de disputa: capitalismo de Estado, modelo asiático ou economia socialista? E qual seria o objetivo do desenvolvimento chinês? Alguns veem na China uma "ameaça comunista" ainda maior ao sistema "ocidental" do que a União Soviética, cuja economia não era extrovertida. Mas, afinal, o comunismo não havia acabado em 1989-1991?

***

O autor agradece ao CNPq, cuja bolsa de produtividade propiciou as condições para uma pesquisa sobre as Revoluções Afro-Asiáticas dos anos 1970 e 1980, da qual esta obra constitui um dos resultados.

Porto Alegre, 1º de maio de 2021.

INTRODUÇÃO: O QUE É "SOCIALISMO"?

Para responder à pergunta que intitula o livro é necessário, inicialmente, definir alguns termos e conceitos teóricos e políticos empregados, mesmo que de forma simplificada e genérica. O que significa esquerdismo, marxismo, socialismo e comunismo? A maioria das pessoas, por desconhecimento ou por envolvimento político, acabam utilizando estes conceitos indistintamente, mas eles representam realidades bem diferentes. Esquerdismo significa uma postura de atuação política e o marxismo constitui uma teoria de análise da realidade social. Já o socialismo é tanto um movimento político (quando na oposição) quanto um sistema social (quando no poder), e, por fim, o comunismo representa um modelo de sociedade projetado para o futuro.

ESQUERDISMO, MARXISMO, SOCIALISMO E COMUNISMO

Esquerda constitui um termo extremamente vago e difícil de definir. Sua origem remonta à Assembleia Nacional Francesa na época da Revolução, na qual os elementos mais radicalmente opostos à tradicional ordem monárquico-absolutista se sentavam à esquerda dos demais, e os conservadores à direita. O termo foi criado na época e, depois, caiu em desuso, somente sendo resgatado pela linguagem acadêmica, jornalística e política na passagem do século 19 ao 20. Foi empregado muito limitadamente (o termo mais utilizado era socialismo), tendo se afirmado a partir das manifestações de Maio de 1968 e com o declínio dos partidos comunistas desde então. Sua aplicação depende muito do contexto em que é empregado, pois na URSS dos anos 1920 Trotsky era considerado "esquerdista" e Stalin e Bukharin "direitistas". Em 1920, Lenin publicou uma obra intitulada *Esquerdismo, doença infantil do comunismo*, criticando uma postura radical de vários militantes.

Na Áustria dos anos 1930, após a eliminação da *Viena Vermelha*, a disputa política passou a ser entre fascistas católicos pró-italianos e nazistas pró-alemães, estando os primeiros à esquerda dos segundos (na verdade, ambos eram conservadores). Durante a Primavera de Praga (1968) os reformistas tchecos se consideravam de esquerda, enquanto os soviéticos, que os esmagaram, os rotularam de direita. Atualmente o ambientalismo é percebido como esquerdista, mas o Príncipe Charles, um dos seus expoentes, não poderia ser considerado "de esquerda". Com a crise e o colapso do socialismo de tipo soviético, o termo passou a ser utilizado para definir uma ampla gama de movimentos e ideias, muitas delas antagônicas entre si. Também é empregado de forma pejorativa na linguagem política contra adversários críticos. Portanto, o mais adequado seria considerar "ser de esquerda" apenas como uma atitude crítica em relação ao *status quo*, e seu conteúdo varia no tempo e no espaço.

Já o *marxismo* constitui uma teoria de análise da realidade social e econômica, formulada durante o auge da Revolução Industrial inglesa pelos alemães Karl Marx e Friedrich Engels (que também era empresário) no século 19. A teoria marxista é uma concepção original, formulada a partir da combinação da Economia Política Inglesa (de origem liberal), do Socialismo Utópico Francês (uma visão ético-política) e da Filosofia Alemã de Hegel (com sua concepção dialética da história). A síntese produziu uma filosofia, o Materialismo Histórico e Dialético (*Textos Filosóficos*), uma Análise do Funcionamento do Capitalismo (*O Capital, Grundrisse*) e um Projeto Político (esboçado no panfleto *O Manifesto Comunista*). É, portanto, apenas um método de análise da realidade socioeconômica, que também pode ser utilizado como uma ferramenta para transformar a sociedade ou, mesmo, para conservá-la. Muitas estratégias de contrarrevolução foram fundamentadas nas teses marxistas de compreensão da

INTRODUÇÃO: O QUE É "SOCIALISMO"?

realidade. Por isso, muitos ex-socialistas (como Mussolini) contribuíram para que os conservadores impedissem a eclosão de uma Revolução. Marx pouco escreveu sobre as formas políticas de realizá-la e, menos ainda, sobre a estrutura da futura sociedade socialista, que se limitava a apregoar que deveria ser a superação da então existente e o seu oposto. O que mais fez foi escrever sobre o funcionamento do capitalismo e apenas considerava que a classe operária industrial seria o instrumento para a realização das transformações, através da luta de classes (BERLIN, 1991).

É importante ressaltar que cada pensador escreve não apenas expondo abstratamente suas ideias, mas no contexto do debate da época. Assim, como Marx e Engels argumentavam a favor da importância dos fatores materiais na vida social e do processo histórico, eles tiveram de escrever muito sobre a dinâmica das forças econômicas, porque era algo desconsiderado nas ciências da época. Não se trata, todavia, de um *determinismo* econômico ou histórico, como o conjunto de sua teoria demonstra, mas de uma necessidade intelectual do seu tempo. Ele também escreveu obras importantes sobre filosofia (*Anti-Dühring*) e política (*O 18 Brumário*). Contudo, embora fosse um grande pensador, era um homem mortal e do seu tempo. Teve *insights* importantes sobre conjunturas e eventos específicos, algumas ideias datadas (isto é, depois superadas) e outras que se mostraram equivocadas, ao lado de uma formulação geral inovadora, a qual mantém certa capacidade explicativa. Marx contou com a colaboração de seu amigo Friedrich Engels, que escreveu menos, mas sempre debateu, auxiliou e explorou alguns temas específicos, como temas filosóficos e militares. Mas fizeram tudo isso fora da academia, da qual o marxismo era excluído. Posteriormente o marxismo se tornou uma corrente de pensamento muito influente na academia e na política do século 20 (GLASER e WALKER, 2007).

Houve, e ainda há, vários tipos diferentes de "socialismo". Mas o que é necessário para que um regime seja considerado socialista de tipo marxista? A teoria marxista foi colocada em prática pela primeira vez, quanto à conquista do poder e à organização de um novo regime, por Vladimir Ulianov (Lenin), dentro da perspectiva russa. Sob influência do Partido Social-Democrata Alemão ele deu consistência material a alguns princípios vagos na obra de Marx e Engels, os quais, na verdade, haviam se dedicado predominantemente a estudar o funcionamento do capitalismo. Marx acreditava, inicialmente, que a Revolução ocorreria nos países já industrializados, mas não foi o que ocorreu. A ruptura revolucionária ocorreu em nações periféricas, nas quais ocorria um movimento de proletarização dos camponeses, primeira manifestação do capitalismo em nações atrasadas (mas em transformação) como a Rússia e a China. Da mesma forma, não havia um protocolo a seguir de como construir a nova sociedade e seu Estado, que dependeu do tempo e do local em que ocorreram as Revoluções, que se mesclaram com as condições político-culturais nacionais. Muitos acadêmicos e militantes marxistas, por exemplo, não aceitaram a Revolução Soviética ou seu regime como sendo marxistas (MILLS, 1968).

Segundo a experiência histórica concreta, um regime socialista de tipo marxista-leninista implica a existência de um partido único (ou de um partido hegemônico dentro de uma frente) que se associa ao aparelho estatal e exerce o poder como "guia" da sociedade e de seu processo de transição ao comunismo. Ao contrário do capitalismo, a dimensão política é a instância predominante e, assim, a economia é organizada segundo o princípio do planejamento econômico central (em lugar do mercado), com a propriedade coletiva dos grandes meios de produção e a estatização dos bancos e do comércio exterior. A sociedade tende a ser incorporada num organismo único, com políticas de eliminação gradual das desigualdades e de universalização de políticas sociais como educação, saúde, habitação, transporte público, emprego e lazer. Este processo, num quadro de tensão extrema, foi materializado, historicamente, através de mecanismos autoritários e repressivos, mas socialmente paternalistas. Essa *"ditadura do proletariado"* seria *socialista,* um regime de transição, em que o uso da força pelo Estado, em tese sobre o controle dos trabalhadores, desarticularia as estruturas capitalistas e construiria outras e uma mentalidade comunista (o *Homem Novo*).

INTRODUÇÃO: O QUE É "SOCIALISMO"?

Comunismo, segundo é concebido pela teoria marxista, ainda não existe. Trata-se de um objetivo a ser alcançado, que é identificado pelo nome dos partidos e movimentos que pretendem construí-lo, e este seria um sistema de liberdade e prosperidade, superando o reino da opressão e da necessidade. Segundo Marx e Engels o socialismo, por sua vez, constitui uma fase de transição pós-capitalista, implantada através de uma revolução e caracterizada pela *ditadura do proletariado*. Contudo, o termo socialismo é vulgarmente empregado no sentido de um regime "moderado" de esquerda, de tipo socialdemocrata, protagonizado por grupos que não desejam chegar ao comunismo, mas sim reformar o capitalismo (por exemplo, o "socialismo sueco"). Já na teoria marxista o comunismo (ainda inexistente) seria "moderado" e o socialismo ("realmente existente") seria "radical", ao contrário da percepção leiga.

A ideia de uma sociedade genericamente comunista, todavia, é muito anterior ao marxismo. Na antiguidade Platão, em *A República*, descrevia uma sociedade comunista, mas restrita à elite livre. Foi apenas com o cristianismo que todos os seres humanos foram considerados iguais, porquanto "irmãos", criticando os ricos e enaltecendo os pobres. Isto prosseguiu com vários clérigos e ordens religiosas medievais, como os Cátaros, Valdenses, Joaquim de Fiore e Frei Dolcino. Segundo São Ambrósio, "a natureza colocou tudo em comum, para o uso de todos; ela criou o direito comum; a usurpação criou o direito privado" (apud BOBBIO, 1986, p. 205). No início da Idade Moderna os Anabatistas tiveram forte influência nas Guerras Camponesas na Alemanha (1524-5) e na visão de Thomas Münzer, pregando o retorno ao cristianismo igualitarista original. *A Utopia*, de Thomas Morus, e *A Cidade do Sol*, de Campanella, também idealizavam sociedades de tipo comunista. Durante a Revolução Inglesa os artesãos *Levellers* (Niveladores) e os camponeses *Diggers* (Escavadores), e na Francesa os partidários Conjuração dos Iguais, liderados por Babeuf (influenciado por Rousseau e Morelly), pegaram em armas pela causa, mas foram esmagados.

Durante a industrialização o chamado *Socialismo Utópico* (ou pré-marxista) criticou as condições a que era submetida a nascente classe operária ("proletários", porque tinham muitos filhos) e pregou algum tipo de sociedade igualitária. O inglês Robert Owen e os franceses Saint-Simon, Charles Fourrier, Louis Blanc, Auguste Blanqui e Pierre-Joseph Proudhon eram os expoentes deste grupo, que realizava uma crítica moral e pregava uma sociedade ideal. Mas as formas de atingir tal objetivo eram baseadas em variadas propostas *ad hoc,* geralmente fantasiosas e irrealistas. O último, inclusive, pode ser considerado *anarquista,* juntamente com o nobre russo Mikhail Bakunin. Os anarquistas divergiam dos marxistas, sendo expulsos da Associação Internacional dos Trabalhadores, pois acreditavam que o Estado deveria desaparecer imediatamente e defendiam uma liberdade abrangente e abstrata. Representavam os trabalhadores manufatureiros pré-capitalistas, que estavam desaparecendo diante da industrialização, a qual produzia o operariado fabril, que Marx considerava ser a classe revolucionária.

Ao longo do tempo, todavia, o próprio marxismo produziu correntes divergentes, sendo mais apropriado falar-se na existência de *marxismos*, especialmente após a morte de Marx (1883) e de Engels (1895). Neste contexto, o episódio da Comuna de Paris, eclodida em 1871 durante a derrota de Napoleão III diante da Prússia de Bismarck, gerou novos problemas teóricos e divisões políticas. Por fim, cabe mencionar que o *sindicalismo*, que surgiu como reação às difíceis condições sociais, não era "socialista", pois buscava apenas melhorar as condições de vida dos trabalhadores. O Partido Trabalhista britânico, por exemplo, nunca foi socialista ou marxista, mas apenas de base sindical. Já os Partidos Social-Democratas alemão, austro-húngaro e russo, bem como os Partidos Socialistas francês, italiano e espanhol se baseavam no marxismo.

INTRODUÇÃO: O QUE É "SOCIALISMO"?

REVOLUÇÕES E REGIMES SOCIALISTAS NO SÉCULO 20

Revolução significa uma mudança política brusca, geralmente violenta (mas nem sempre), com a derrubada de um regime e a luta pela construção de outro novo. Esta ruptura na ordem vigente busca efetuar alterações estruturais nos ordenamentos jurídico-político e socioeconômico. O elemento deflagrador de tal evento pode ser um levante popular, uma insurreição armada, um golpe de Estado ou até mesmo uma transição política relativamente pacífica. Mas para estes elementos conjunturais ou subjetivos serem eficazes é necessário haver condições políticas objetivas favoráveis.

Ao contrário do senso comum, não é a miséria e a desigualdade absolutas que servem de base para as revoluções. Elas geram apenas *revoltas*, explosões de violência raivosa sem uma estratégia de construção de uma nova ordem. O caldo de cultura que propicia as condições para uma Revolução social é o processo de modernização, que altera as relações de classe, tornando os mecanismos de controle político vulneráveis. Não foram apenas Lenin e outros marxistas que perceberam isto, mas, inclusive, conservadores como o professor Samuel Huntington, conselheiro de sucessivas administrações norte-americanas. Em *A Ordem Política das Sociedades em Mudança* (1968), ele indica a importância de regimes autoritários na fase inicial da modernização econômica no Terceiro Mundo. Outro ponto é que as revoluções, seja quais forem seus projetos, constituem um ato de violência extrema em que um grupo derruba outro pela força para conquistar o poder e construir uma nova ordem. Mesmo a Revolução Inglesa liberal necessitou de um sanguinário Oliver Cromwell para consolidar o poder do parlamento, esmagando tanto a nobreza quanto seus aliados iniciais Levellers e Diggers, como mencionado. Napoleão Bonaparte seguiu o mesmo padrão na Revolução Francesa.

Assim, a Revolução não é apenas um mecanismo de conquista do poder político, de curto prazo, mas também um processo político e socioeconômico de transformação da sociedade e a mudança dos grupos sociais dirigentes, de longo prazo. Foram Marx

POR QUE O SOCIALISMO RUIU?

e Engels que uniram as duas dimensões em uma só estratégia. Para eles, a luta de classes constitui a força motriz da história e da superação das diferentes fases civilizatórias, com suas distintas formas de organização da produção. Ela significava que os indivíduos se encontravam em posições diferentes em relação à produção e distribuição da riqueza, tivessem ou não consciência dessa situação. Ou seja, eles não "pregavam" a luta de classes, apenas constataram, ao analisar a história e a estrutura da sociedade, que ela existia e era uma agente de transformação.

O capitalismo era considerado por ambos como um sistema que propiciou notável desenvolvimento das forças produtivas, mas, paradoxalmente, suas crises eram cíclicas e de superprodução. Sua derrubada deveria ser obra de uma revolução proletária, através da violência, o único meio de ascender ao poder, pois consideravam que as elites dirigentes não abririam mão dele pacificamente. E seria violenta porque não haveria outro meio de enfrentar os mecanismos e instituições repressivas do Estado, tais como a polícia, o aparato judicial e as forças armadas, destinadas a manter a ordem social e a defender a propriedade privada.

Além de revoluções liberais (inglesa, americana e francesa), revoluções democráticas (1848) e revoluções socialistas (Rússia, China), na segunda metade do século 20 houve revoluções de libertação nacional, popular-democráticas, anti-imperialistas e "antifeudais" no Terceiro Mundo, ligadas à descolonização e ao nacionalismo. Nelas, os elementos deflagradores foram revoltas populares, mobilizações reformistas, golpes de Estado (inclusive militares) e lutas de guerrilha como as teorizadas e promovidas por Mao Zedong, Ho Chi Minh, Fidel e Raúl Castro, Che Guevara e Amílcar Cabral, entre outros. Nelas, havia uma aliança entre segmentos da baixa classe média e do campesinato, além de setores do operariado e artesãos.

Centradas no estudo de casos europeus, geralmente, insiste-se que os países periféricos "não estariam preparados" para a revolução e para o socialismo, segundo uma interpretação restritiva da teoria marxista. Mas durante a fase imperial-colonialista da passagem do século 19 ao 20, as contradições sociais mais agu-

INTRODUÇÃO: O QUE É "SOCIALISMO"?

das se deslocaram do centro para a periferia, onde o processo de proletarização se tornou mais acentuado, com o êxodo rural e a implantação da agricultura voltada ao mercado. É importante ressaltar que a dimensão internacional, já significativa nas revoluções clássicas, torna-se ainda mais decisiva no quadro da crescente internacionalização aprofundada do capitalismo na periferia.

As revoluções sempre estão relacionadas a fatores internos e externos e, na sequência de sua concretização, necessariamente geram um impacto internacional, na medida em que afetam regras internas nas quais a ordem (capitalista) internacional se baseia. "As Revoluções são eventos internacionais em suas causas e efeitos", como lembra Fred Halliday (1999, 148). Neste sentido, inspiram forças políticas de outros países, tanto simpatizantes como adversárias. Normalmente as revoluções dão origem a guerras externas, geralmente associadas a guerras civis internas, ou são delas resultantes. Cabe destacar que toda a revolução tenta internacionalizar-se, geralmente sem sucesso, da mesma forma que a contrarrevolução (que busca manter a homogeneidade existente). Assim, os limites da "exportação da Revolução" (ou da contrarrevolução), geram tréguas, redução da retórica ideológica e uma postura mais diplomática. Todavia, isso não significa que tais revoluções tenham perdido sua essência socialista, pois, segundo Halliday (1999, 187), "enquanto suas ordens internas pós--revolucionárias permanecerem intactas, elas continuam a representar um desafio ao sistema de outros Estados".

Mesmo o marxismo acadêmico, que supostamente poderia explicar as revoluções que a teoria enseja, possui limitações explicativas. Uma delas é ter poucos elementos para analisar as diferenças entre as várias revoluções e a persistência da questão nacional. Outra é que a ênfase nos elementos materiais os conduz a uma análise que privilegia as relações capitalistas sistêmicas em escala global. Paradoxalmente, até mesmo alguns renomados marxistas dão pouca atenção às possibilidades de revoluções. Wallerstein, por exemplo, aposta nos chamados movimentos sociais antissistêmicos e Arrighi navega pelos ciclos econômicos sem encontrar-se com as revoluções nem lidar adequadamente com Estados pós-revolucionários como a URSS e a China. Pensam o sistema internacional como um sistema socioeconômico global (capitalista) sobreposto a estruturas políticas secundárias (estatais). (CHAN e WILLIAMS, 1985)

Marx e Engels, numa época marcada pelo domínio do pensamento metafísico na ciência, gastaram a maior parte de suas energias tentando demonstrar a relevância de fatores materiais como a economia e as relações sociais, como foi visto. Portanto, seus estudos se dedicaram menos a aprofundar aspectos políticos, em particular a ideia de nação. Todavia, forjaram um instrumento poderoso para esse estudo, a teoria do *Materialismo Histórico*, onde está presente a dimensão política e nacional. De particular relevância é o conceito de *Formação Econômico-Social*, que confere materialidade à abstração do chamado *Modo de Produção*.

O Materialismo Histórico e algumas outras escolas de pensamento destacam o caráter político-social da formação das nações, a partir do desenvolvimento do capitalismo e da formação dos Estados que o acompanhou. Até o século 18 a Europa era constituída por Estados Dinásticos, e não nacionais, mas os da Europa Ocidental já impunham uma língua oficial e um governo cada vez mais centralizado. Foi a Revolução Francesa que lançou as bases da ideia de nação, como comunidade dos cidadãos unidos por uma ideologia e um conjunto de instituições políticas, noção que causava pânico nas monarquias plurinacionais absolutistas sob controle de um soberano dinástico.

Ao lado da causa que unia a maioria dos cidadãos de uma nação, que construía um Estado moderno, havia o avanço do capitalismo industrial, que necessitava um mercado unificado e integrado em termos de instituições, unidades de pesos e medidas, impostos e legislação. Mas a relação entre capitalismo (internacional) e Estado Nacional é complexa e possui uma contradição dialética. Por que o capital, que podia se deslocar para as regiões onde poderia se reproduzir de forma mais lucrativa, continuava a conviver com Estados-Nação?

O nível diferenciado de desenvolvimento permitia ao capital explorar as vantagens dessa situação, pois enquanto se movia

INTRODUÇÃO: O QUE É "SOCIALISMO"?

com relativa liberdade, o Estado representava um poder "fixo", responsável pelo território e sua população, como demonstra Giovanni Arrighi em *O longo século XX*. Assim, quando o capital se deslocava para outras regiões, a nação abandonada retrocedia economicamente, como aconteceu com os países ibéricos e com a Holanda, quando sobrepujados pela Inglaterra. E quando havia crises, sempre era possível isolá-las dentro de certas fronteiras, além dos Estados serem responsáveis pela proteção dos seus capitalistas contra adversários nacionais ou de classe.

O socialismo de orientação marxista logrou, ao longo do século 20, impulsionar um conjunto de revoluções vitoriosas em sucessivas ondas. A primeira delas teve lugar na esteira da Primeira Guerra Mundial, com o triunfo da Revolução Russa e a construção do socialismo na URSS. A Revolução na Mongólia, por circunstâncias particulares, faz parte desse período. A segunda onda decorreu dos movimentos antifascistas e dos resultados da Segunda Guerra Mundial, institucionalizados na Conferência de Yalta. Ela afetou o Leste Europeu, tanto através das "revoluções pelo alto" apoiadas por Moscou, que constituiriam as Democracias Populares, quanto como por meio das revoluções nacionais autônomas da Iugoslávia e da Albânia. É importante ressaltar que a Alemanha, a Hungria, a Tchecoslováquia e a Bulgária protagonizaram, no final da Primeira Guerra Mundial (1914-18), revoluções e até efêmeros regimes socialistas, as quais foram, posteriormente, derrotadas (1918-1923).

A terceira onda, que vinha se desenvolvendo paralelamente à anterior, teve como epicentro a Revolução Chinesa, iniciada já na década de 1920, caracterizada pela questão camponesa. Após um quarto de século de guerrilhas e guerras, a nação mais populosa do planeta tornou-se um regime socialista. A Revolução Coreana e a primeira etapa da Vietnamita fazem parte dessa fase. Essas revoluções marxistas e regimes engendrados na primeira metade do século 20 ocorreram "na periferia do centro". Isso porque as potências capitalistas industriais que dominavam o centro do sistema entraram em conflito aberto (corrida imperialista, Primeira e Segunda Guerras Mundiais) enquanto lutavam por redefinir o sistema mundial e, dentro dele, a posição hegemônica. Assim, foi possível a vitória de duas revoluções e regimes estruturantes de nova realidade mundial, a soviética e a chinesa, que se encontravam na periferia do espaço geopolítico afetado pela gigantesca confrontação e transformação.

Finalmente, na quarta e última onda, o movimento de descolonização e o nacionalismo do Terceiro Mundo protagonizaram o triunfo de diversas revoluções de orientação socialista, como a cubana, a vietnamita, a afegã, a sul-iemenita e as africanas dos anos 1970. Elas ocorreram na segunda metade do século 20 "no centro da periferia", isto é, na região meridional do planeta ainda não industrializada, onde ocorria a expansão do *desenvolvimento desigual e combinado do capitalismo* (WESTAD, 2007; DAVIS, 1985). Dentre as referidas, apesar dos limitados recursos, duas acabaram se tornando paradigmáticas e tendo efeitos sistêmicos por todo o mundo: a cubana e a vietnamita (BERESFORD, 1986). Evidentemente, elas estiveram ligadas e dependeram das duas grandes revoluções fundacionais, mas desenvolveram uma dinâmica própria.

Dentro do conjunto da obra de Marx o que articula suas partes e confere à teoria um significado transcendente é o Materialismo Histórico. A partir de uma perspectiva dialética ele, inclusive, desarticula a narrativa esquerdista superficial, tão em voga atualmente. Por exemplo, Marx e Lenin reconheciam que o que veio a ser chamado de *imperialismo* possui dois lados intimamente associados, um destrutivo e outro "construtivo". Ele desarticulava e até destruía formações sociais pré-capitalistas, em relação às quais eles não nutriam qualquer admiração, enquanto expandiam a modernidade (então) revolucionária do capitalismo. As rivalidades entre clãs ou feudais e imperiais de velho tipo davam lugar a antagonismos de *classe*, que serviram de base à libertação nacional anticolonial no século 20, ainda que ambos lamentassem os custos humanos e efeitos éticos deploráveis da dominação Ocidental da periferia. "A História não é o reino da felicidade", como dizia Hegel (apud DEUTSCHER, 1970, p. 181, v. 2).

INTRODUÇÃO: O QUE É "SOCIALISMO"?

Aliás, a obra *Imperialismo, etapa superior do capitalismo*, de V. I. Lenin, constitui uma importante investigação científica das razões pelas quais as grandes potências capitalistas desencadearam uma guerra mundial fratricida entre si em 1914. Ao analisar os fundamentos econômicos internacionais do conflito, ele superou as explicações essencialmente diplomáticas e militares ou personalistas e ideológicas. Os Generais sempre desejaram a guerra, os Imperadores (todos primos) buscavam continuamente ampliar seu poder, os Diplomatas sempre articularam alianças e o pangermanismo e o pan-eslavismo há décadas estavam em atrito geopolítico. Evidentemente eles constituíam um caldo de cultura que lubrificava a engrenagem do confronto, mas o elemento catalisador, segundo ele, foi o potencial destrutivo existente na lógica econômica competitiva das potências da época.

Sem dúvida a dupla dinâmica da teorização e da ação política conformaram um tom dogmático, intolerante e militante ao marxismo, além de servir para legitimar movimentos e regimes socialistas. Mas mesmo a partir de um marxismo "ortodoxo e oficial" de regimes comunistas, houve contribuições relevantes e complexas para a análise das Relações Internacionais. As noções de *correlação de forças*, a qual representa um avanço em relação a de Equilíbrio de Poder (no contexto da Guerra Fria), e de *anti-imperialismo*, que embasa o movimento de descolonização, são exemplos concretos.

Quais são as categorias analíticas do marxismo e em que contribuiriam para o estudo da política internacional? Em primeiro lugar existe a *dimensão material*, que são os *fenômenos socioeconômicos* ligados à sobrevivência e à reprodução das sociedades humanas. As populações precisam se organizar para produzir os bens necessários à sua manutenção, em contínuo conflito com outros grupos na disputa por bens escassos. Por mais que eles sejam condicionados por sistemas de poder político e culturais, trata-se de uma necessidade básica, que o capitalismo transformou num movimento sistêmico, de dimensões planetárias. Em segundo lugar, há o processo histórico como teoria e como construção social. Além de indicar a existência de uma "direção evolutiva", Marx mencionou que "a tradição das gerações mortas paira como um pesadelo sobre a mente dos vivos" (MARX e ENGELS, 1985, v. 1: 205) . Ou seja, a história elucida o movimento geral do fazer-se social e o passado condiciona as ações do presente e projeta possíveis cenários para o futuro.

Em terceiro lugar, há a questão de classe social na política nacional e mundial. Segundo Halliday, "internacionalmente [as classes] agem para aliar-se a grupos similares, quando isso lhes é benéfico, e para competir, por meios pacíficos ou militares, quando se prefere a rivalidade. O conflito entre classes, a 'luta de classes', ocorre, portanto, em dois níveis: entre grupos em diferentes posições na escala socioeconômica e entre grupos de posição equivalente" (1999, p. 77). As classes dominantes, especialmente a moderna elite empresarial, agem através do Estado (nacional) para competir com outras equivalentes, bem como buscam certo grau de coordenação global (muito mais eficazes que as de esquerda). Isso se dá através de organizações institucionais ou informais como o Clube de Roma, a Comissão Trilateral, o G-7, o Fórum Econômico Mundial de Davos e a União Europeia, por exemplo. Mas elas também utilizam a dimensão internacional do sistema capitalista como forma de manter sua liderança dentro do seu próprio Estado-Nação. Ou seja, o conceito é complexo e possui alto grau de capacidade explicativa no campo das Relações Internacionais.

Por fim, em quarto lugar, há o conceito de *Conflito* e suas formas extremas, *a Revolução e a Guerra*. Os estudos de Segurança e Defesa, que constituem uma área dentro das Relações Internacionais, possuem preocupantes carências teóricas e metodológicas por desconsiderarem esta abordagem. Nesse contexto, a Guerra seria um conflito internacional entre Estados, liderados por duas classes similares ou em posição de domínio nacional equivalente ("a continuação da política por outros meios", como afirmou Clausewitz (BOBBIO, 1986, 571)). Já a Revolução seria um conflito entre classes antagônicas dentro de um Estado, mas com uma inevitável projeção internacional (podendo se transformar em Guerra). Mas é necessário diferenciar Revolução Política (conquista do poder, de curto prazo) de Revolução Social

INTRODUÇÃO: O QUE É "SOCIALISMO"?

(processo de transformação estrutural, de longo prazo). O Materialismo Histórico considera que as contradições materiais (e a desigualdade) tornam a Guerra e a Revolução inevitáveis, constituindo algo racionalmente explicável (apesar de suas formas brutais).

1. DE MOSCOU À BERLIM:
O SOCIALISMO QUE VEIO DO FRIO
(1917-1967)

No início do século 20 o olhar dos que desejavam ou temiam uma Revolução estava voltado para as maiores potências industriais da Europa, onde grandes partidos socialistas e imensos sindicatos eram fortes protagonistas políticos. Contudo, inicialmente, a Primeira Guerra Mundial parecia desmentir a possibilidade revolucionária, mas logo o "elo mais fraco da corrente imperialista", a Rússia, se rompeu, e houve duas revoluções em 1917, com os bolcheviques (liderados por Lenin) assumindo o poder em novembro, em um país imenso, mas atrasado. Após o conflito mundial, seguiram-se quatro anos de uma sangrenta Guerra Civil e o aparente triunfo do socialismo, com a formação da União das Repúblicas Socialistas Soviéticas em 1922. Para muitos marxistas a revolução e seu regime não seriam verdadeiramente socialistas, e Marx não aprovaria Lenin (que faleceu precocemente). Mas todas as outras nações (capitalistas), consideravam Moscou socialista, representando, portanto, uma ameaça (corporificada na Internacional Comunista) (COURTOIS, 1998).

O Socialismo em um Só País, com industrialização e coletivização da agricultura, foi comandado por Stalin, que também enfrentou a invasão do III Reich. A participação vitoriosa na nova Guerra Mundial, com custos humanos e materiais terríveis, colocou a URSS em posição de *superpotência*, ao lado dos Estados Unidos. Ainda que aceita no Sistema da ONU (no Conselho de Segurança), logo a aliança antifascista dava lugar à Guerra Fria. Na sequência, o Leste Europeu, a China, a Coreia do Norte e o Vietnã do Norte também se tornaram socialistas até 1949 (a Mongólia já o era, desde 1924). A Eurásia, de Berlim a Pequim (Beijing), se tornara uma vasta região socialista (pobre), mas seu controle por Moscou não durou muito. A transformação social e a geopolítica, muitas vezes, não convergiam, e emergiu a rivalidade sino-soviética, com o "campo socialista" sendo reduzido a "campo soviético". Mesmo assim, durante seu primeiro meio século de existência a URSS conheceu um inegável progresso econômico e social, capaz de rivalizar militarmente com os EUA.

REVOLUÇÃO RUSSA: MARX OU LENIN? STALIN: O SOCIALISMO EM UM SÓ PAÍS

O fato da Revolução social, inspirada no marxismo, ter eclodido em um país atrasado e predominantemente agrário, a Rússia, e ter erigido um regime de tipo soviético, é objeto de acalorada polêmica política e acadêmica até hoje. Não há espaço para narrar a história de meio século de Revolução, apenas a explicação de seus elementos constitutivos e contradições (VISENTINI, 2017). O vasto Império Russo possuía um sistema sociopolítico arcaico, uma monarquia absolutista (autocracia czarista) com a servidão tendo sido legalmente abolida apenas em 1861. Após a desastrosa derrota na Guerra da Criméia (1853-1856) contra os franco-britânicos, houve uma tentativa de modernização. Investimentos em ferrovias, mineração (carvão, ferro e petróleo), além de siderurgia, foram feitos, com capital estrangeiro. Mas o regime político se mantinha inalterado, com ministros reformistas sendo derrubados por "fogo amigo". Se a reforma é o maior obstáculo à revolução, segundo afirmou Lenin, aqui foram os ultraconservadores que geraram as condições para a catástrofe do seu próprio regime.

Até o final do século 19 havia concentração de operários em São Petersburgo, em Moscou, na bacia do Rio Don e nos Urais, mas eles eram apenas 3 milhões, em uma população de 160 milhões. Havia alguns liberais (Partido Constitucional-Democrático,

1. DE MOSCOU À BERLIM: O SOCIALISMO QUE VEIO DO FRIO (1917-1967)

ou cadetes/KD), grupos anarquistas (niilistas) e um vasto movimento populista (*narodniks*, depois social-revolucionários), que considerava a emancipação dos camponeses (acesso à propriedade da terra) como a força da transformação social. Nos anos 1880 surgiram grupos social-democratas marxistas, que defendiam a revolução operária, a industrialização e a modernização (Partido Operário Social-Democrata Russo/POSDR, formado em 1898), fortemente influenciado pelos social-democratas alemães[1]. Em 1903 o partido se dividiu em Bolcheviques ("maioria") e Mencheviques ("minoria"). Os primeiros defendiam um partido clandestino, de quadros profissionais revolucionários, pois não viam possibilidade de atuação legal (Lenin, Bukharin, Stalin) e a implantação da ditadura do proletariado. Os segundos, defendiam um partido de massas e uma prévia revolução democrático--burguesa (Martov, Plekhanov, Trotsky). Já os populistas (Partido Social-Revolucionário/SR) consideravam o Ocidente decadente e que o socialismo russo deveria permanecer agrário, mantendo a "alma russa" da comunidade camponesa (*Mir*). Os SR eram a maior força opositora, numericamente. A direita estava organizada no próprio Estado e na nobreza, sendo avessa a qualquer reforma da autocracia e adeptos da repressão policial como meio de conservar o poder.

---

[1] A figura ideal da cultura popular russa era o *podvijnik* (misto de herói e santo), mas Pedro, O Grande quebrara a unidade moral da Rússia, opondo a elite ocidentalizante à massa de camponeses tradicionais. Contudo, logo surgiria uma nova corrente, os *Revolucionários*, pessoas que, desde os Dezembristas, lutavam e sofriam por uma causa considerada nobre. Sintomaticamente, o jornal bolchevique se chamava *Pravda*, que em russo significa tanto verdade como justiça. Aqueles que deveriam constituir uma camada social de profissionais liberais e técnicos numa sociedade capitalista, mas que na Rússia não tinham oportunidade de se converterem em classe média, formariam a *intelligentsia*. Segundo Gustave Welter, "saídos de uma massa camponesa meio comunista, o *intelligent* encontrou nas teorias sociais do Ocidente essa razão de viver que seus antepassados haviam encontrado na religião. (...) Por fim, Karl Marx veio a proporcionar à sua necessidade idealista o alimento que melhor lhe convinha, posto que continha ao mesmo tempo uma ciência, uma política e uma moral". (WELTER, 1936, p.32)

As prisões, exílio na Sibéria ou no exterior e as execuções não conseguiam conter a expansão dos movimentos de oposição, enquanto a elite se alienava da realidade e a figura do Czar Nicolau II cada vez mais se assemelhava a de Luís XVI. Em 1904 a Guerra contra o Japão acabou em uma humilhante derrota, que propiciou condições para a eclosão da Revolução de 1905. Houve motins de soldados, ocupação de terras no campo e violência nas cidades, após a guarda do palácio atirar na multidão desarmada (liderada pelo Padre Gapon) que desejava entregar uma petição ao Czar. Apesar da formação de Sovietes (Conselhos), a Revolução não tinha liderança e foi, em boa medida, espontânea. O Czar aceitou convocar um parlamento com poderes consultivos (a Duma), mas assim que se sentiu forte, dois anos depois, deflagrou uma repressão sangrenta, e as reformas foram canceladas. Uma das faces da extrema-direita era o antissemitismo, com *pogroms* (massacres) de judeus desde o fim do século 19 e a publicação, forjada pela polícia política (*Okhrana*), dos famosos Protocolos dos Sábios de Sion.

A lição não foi aprendida pois, em 1914, mais uma vez o governo russo achou que uma guerra seria a melhor forma de desmobilizar os protestos, ainda que uma parte da elite fosse contra lutar com a Alemanha. Depois de 1870, nas duas extremidades do vasto e frágil império surgiram ameaças sérias, com a Alemanha e o Japão se tornando potências industriais. A Rússia tinha mera função diversionista para os anglo-franceses, como forma de obrigar o exército do II Reich a lutar em duas frentes. O Czar mobilizou 12 milhões de homens, para os quais não havia armas, alimentos, transporte e alojamentos suficientes e, após alguns avanços, o exército começou a recuar e se desorganizar. Após dois anos a guerra chegara a um impasse, pois se tornara um gigantesco e interminável massacre e gerava toda sorte de privações (enquanto isso, a dinastia dos Romanov comemorava seu tricentenário). Deserções e insubordinação cresciam entre os soldados, apesar das punições e dos fuzilamentos. A Rússia, dentre todos os beligerantes, foi a nação onde estes fenômenos se manifestaram com mais força. Em 1916 ocorreram gigantescas sublevações nas

1. DE MOSCOU À BERLIM: O SOCIALISMO QUE VEIO DO FRIO (1917-1967)

províncias muçulmanas da Ásia Central (devido à introdução do recrutamento na região) e em 1917 o campo se convulsionava e o exército começava a desintegrar-se.

O avanço alemão, o colapso do abastecimento das cidades e a introdução do racionamento, geraram confrontos em São Petersburgo, violentamente reprimidos. Soldados e populares armados invadiram a Duma em março de 1917, criando uma situação que forçou o Czar a renunciar (a Revolução de Fevereiro). Contudo, a Duma agiu rápido, organizando um Governo Provisório, enquanto os Sovietes se estruturavam. Estabeleceu-se, assim, uma *dualidade de poderes*, embora os Sovietes geralmente fossem controlados pela esquerda moderada. O estabelecimento de um regime liberal-democrático na Rússia, com o compromisso internacional de manter o país na guerra e nacional de implantar reformas, contudo, estava de antemão fadado ao fracasso. Em abril Lenin retornou do exílio na Suíça e publicou as *Teses de Abril*, que defendiam uma revolução socialista na Rússia, contra a vontade inclusive de seu pequeno Partido Bolchevique (menos de 20 mil membros). Mas ele foi ganhando adeptos e, inclusive, Trotsky se filiou ao Partido em maio. Após o fracasso de 1905 ele considerou que a estratégia para a vitória da Revolução dependia da divisão das grandes potências, do enfraquecimento do regime, da aliança com os camponeses, de uma direção política unificada e de uma revolução em um país industrial (Alemanha). Essas condições pareciam existir em 1917 (HILL, C., 1977).

A disputa pelo poder entre o Governo Provisório (apoiado pela Duma) e os Sovietes, aliada à permanência da Rússia na guerra, agravou a já precária situação interna. Propiciou aos bolcheviques uma nova oportunidade de conquistar o poder, após um primeiro fracasso em julho. A crise de abastecimento de alimentos nas cidades, por problemas logísticos, exasperara a população. Kerenski buscava poderes ditatoriais para superar a crise, mas foi boicotado pela esquerda e pela direita. Após os bolcheviques mobilizarem soldados e operários que barraram o golpe militar do General Kornilov, criaram em setembro a Guarda Vermelha. Ela derrubou o Governo Provisório em 7 de novembro de 1917 (outubro no antigo calendário), com a conquista do poder nas cidades mais importantes, encontrando uma resistência limitada. Mas o Estado e a produção estavam desorganizados e a Revolução no campo seguia um rumo próprio. Não havia um plano pronto de como construir o novo poder, e muito da ideologia deu lugar ao pragmatismo adaptado às condições russas vigentes.

Quem eram os principais protagonistas da Revolução? Vladimir Ilich Ulianov, codinome Lenin (1870-1924), nasceu em Simbirsk (atual Ulianovsk), na região do Volga, filho de um diretor de escola. Fluente em alemão e outras línguas, era de família culta de classe média. Participou de grupos de estudo marxistas e se envolveu na militância, sendo expulso da Universidade de Kazan. Posteriormente se formou em Direito na Universidade de São Petersburgo, trabalhou como advogado, mas, sempre perseguido pelas autoridades, acabou se exilando na Europa Ocidental, reunindo-se ao grupo de emigrados marxistas e participando do movimento operário europeu. Nascido na fronteira da Europa e da Ásia, com ascendentes russos, alemães luteranos, judeus e mesmo tártaros, possuía lucidez e determinação impressionantes.

Já Lev Davidovich Bronstein, codinome Trotsky (1879-1940), provinha de uma abastada família judaica dos arredores de Odessa. Era um brilhante orador, com sólida formação intelectual, marcado por sua ousadia, nem sempre bem-sucedida, vaidade e cosmopolitismo. Militou na Rússia e, principalmente, no movimento revolucionário europeu, autor de várias obras clássicas. Teve relevante papel na ação de derrubada do Governo Provisório e foi organizador do Exército Vermelho. Impulsivo e verbal, era muito diferente de Lenin, que era asceta, organizado, discreto e ponderado, mas persistente, cujo intelecto tinha um sentido mais prático e um caráter mais russo. Dois líderes que se complementavam.

Outra figura, que viria a ser decisiva, era Josif Vissarionovich Djugashvili, codinome Stalin (1879-1953), que significa "de aço", nascido em Gori, na Geórgia, em uma casa de uma só peça. Estudou em um Seminário Ortodoxo, era inteligente, mas rebelde, sendo expulso por atividades políticas. Trabalhou como operário e teve intensa atividade militante clandestina na Rússia, foi preso

1. DE MOSCOU À BERLIM: O SOCIALISMO QUE VEIO DO FRIO (1917-1967)

e enviado à Sibéria, de onde sempre fugia. Em 1917, foi nomeado Comissário das Nacionalidades e teve comandos na Guerra Civil. Rude, mas astuto e intuitivo, lia muito e era um marxista ferrenho, também admirador de Bismark e interessado em questões militares e geopolítica. Foi mais responsável pela construção do novo regime (com mão de ferro) do que pela conquista do poder, sempre avesso aos militantes de classe média.

Admiradores e adversários da Revolução, geralmente, fantasiam (ou deturpam) suas formas e conteúdo. A Revolução pode ser positiva sociologicamente, mas constitui um ato de violência extrema em que um grupo derruba outro do poder através da força. Assim foi na Inglaterra, nos EUA, na França, na Rússia e na China. E a linha divisória não é, exatamente, entre "bons e maus". Ainda que um regime considerado odioso seja derrubado, muitos oportunistas buscam o lado vencedor e outros, que seriam beneficiados socialmente, por razões subjetivas se posicionam contra a nova ordem. As condições vigentes produzem radicalismos e arbitrariedades, com o sentimento de injustiça represado explodindo em um turbilhão cego e irracional. Subitamente, um sistema de mil anos desapareceu e as estruturas de poder implodiram, em meio ao caos. Enfim, cada sistema tem seu tempo histórico, e o que ruiu em 1917 sempre foi opressivo política, social e economicamente. E o Governo Provisório nada mais foi do que um hiato de anomia entre dois sistemas, e não representa um "modelo" ou alternativa.

Lenin teve grande dificuldade de articular o novo regime, pois nos sovietes os social-revolucionários e o mencheviques tinham maior peso que os bolcheviques. Era apenas uma assembleia múltipla, sem projeto ou direção. O novo governo era algo pouco consistente, baseado nas cidades e sem uma máquina burocrática, e o primeiro ato foi dissolver a constituinte, que seria convocada na reunião nacional dos sovietes. Aliás, a tomada do poder foi planejada, justamente, para a véspera de tal reunião. Mas antes havia que sair da guerra, e o custo foi alto. Dias antes da assinatura do Tratado de Brest-Litovsk (março de 2018), o governo bolchevique criou o Exército Vermelho, devido à debilidade militar da Revolução, pois o exército czarista desintegrara-se. A paz com a

Alemanha, embora tenha evitado uma derrota imediata, não alterou a difícil situação militar. Além disso, provocou a saída da maioria dos SRs do governo (uma militante feriu Lenin gravemente) e se configurava, gradativamente, um partido único bolchevique, ao qual alguns mencheviques e a esquerda dos SRs aderiram.

Forças contrarrevolucionárias (guardas brancos) organizavam-se nas regiões periféricas do país, reforçadas por tropas da *Entente*, enquanto os alemães ocupavam grande parte do território. Em março de 1918 ingleses, canadenses e americanos desembarcaram no Norte, ocupando Murmansk e Arkangelsk. A partir de abril, japoneses e norte-americanos ocuparam Vladivostok e parte da Sibéria, enquanto forças inglesas penetravam pela Ásia Central. Iniciava-se a guerra civil e a intervenção internacional contra a Rússia soviética, que duraria quatro anos. Em abril de 1920, quando o Exército Vermelho começou a avançar sobre os territórios sob controle dos brancos, a Polônia invadiu a Ucrânia e tomou Kiev, mas suas tropas foram vencidas e perseguidas até próximo à Varsóvia. Mas a tentativa de "exportar a revolução" para a Polônia fracassou. A Guerra Civil, apesar de empregar poucos efetivos, causou novas mortes e destruição, junto com a fome e as epidemias (MAWDSLEY, 2017).

Durante o inverno de 1920-1921 o Exército Vermelho derrotou as forças antirrevolucionárias e intervencionistas estrangeiras. Mesmo controlando apenas 10% do território em 1919, os vermelhos dominavam as cidades da antiga Moscóvia e as ferrovias, enquanto os brancos ficavam em periferias pouco habitadas. Os antibolcheviques não atuavam coordenadamente, pois se dividiam politicamente entre monarquistas, militares (após a execução do Czar e de sua família), nacionalistas não russos, anarquistas, mencheviques e social-revolucionários, e tinham a antipatia dos camponeses, temerosos de perder novamente suas terras, como em 1905. Entretanto, o preço da vitória era elevado. A produção estava paralisada, a população debilitada, os camponeses descontentes e boa parte dos quadros qualificados abandonou o país. Às vítimas da fome e epidemias de tifo e cólera se somaram os mortos das guerras mundial e civil, provocando mais de dez

1. DE MOSCOU À BERLIM: O SOCIALISMO QUE VEIO DO FRIO (1917-1967)

milhões de mortes. A Rússia perdeu 900 mil quilômetros quadrados economicamente importantes, com 30 milhões de habitantes (a população do Império russo em 1914 alcançava 160 milhões).

As dificuldades levaram Lenin a substituir o *Comunismo de Guerra* (medida excepcional na Guerra Civil) pela *NEP* (Nova Política Econômica). O triunfo da Revolução fora possível graças à aliança operário-camponesa, baseada na *combinação de uma revolução proletária e de uma revolução burguesa*, sob o comando dos bolcheviques. A primeira, socialista, apoiava-se nos operários urbanos e visava a supressão da propriedade privada; a segunda, capitalista (usurpada dos SRs), desejava a extensão e o desenvolvimento da mesma no campo. O campesinato aceitou os sacrifícios do Comunismo de Guerra enquanto havia o risco da volta dos antigos proprietários, mas, com a derrota da contrarrevolução, este recuou para uma economia de subsistência.

A precoce morte de Lenin em janeiro de 1924 afetou seriamente o Partido e o novo regime. Seu papel era superior ao dos demais líderes da Revolução, devido ao prestígio e autoridade de que gozava. Ele promoveu a adaptação do marxismo às condições russas e a elaboração da estratégia de conquista do poder. Lenin constituiu um elemento de equilíbrio entre os militantes *cosmopolitas* de classe média, que estiveram exilados, como Trotsky, e os *nacionais,* operários que atuaram na clandestinidade, como Stalin. A luta sucessória foi travada entre estes dois grupos. Trotsky desejava uma *revolução permanente e mundial.* Stalin, por sua vez, adotava a teoria do *socialismo num só país*, pois, frente ao fracasso da revolução no Ocidente, a URSS teria que construir as bases econômicas do socialismo com esforço próprio. A situação interna e externa propiciou a vitória de Stalin, a qual ocorreu também por haver se posicionado como *discípulo e continuador* de Lenin. Já Trotsky, se considerava como equivalente ao falecido líder, com o qual divergia, apesar de ter aderido ao Partido pouco antes da revolução[2].

---

[2] KOTKIN, Stephen. *Stalin.* Rio de Janeiro: Objetiva, 2017.

POR QUE O SOCIALISMO RUIU?

Mas o que aqui interessa é o impacto da Revolução e sua percepção pelas sociedades europeias. A Revolução implantou o primeiro regime pós-capitalista, mas ela chegou ao poder devido ao caos que a guerra criara na Rússia czarista, e a União Soviética era frágil e mal organizada na década inicial. Contudo, mesmo cercada e isolada, o simples fato de ter ocorrido e sobrevivido criava um clima de incerteza em uma Europa traumatizada pela Primeira Guerra Mundial e seus efeitos socioeconômicos. Comunidades russas exiladas no continente e nos Estados Unidos, gente próspera que perdera tudo, aumentavam a percepção de pânico nas elites e na classe média ocidental, até porque vivenciavam muita agitação socialista em seus países.

Paralelamente à instabilidade do Ocidente nos anos 1920 e sua crise nos anos 1930, o socialismo soviético se consolidava através da *revolução pelo alto,* desencadeada pela liderança stalinista a partir do aparelho estatal. Como dito anteriormente, após as perdas durante o inverno de 1920-21 fora adotada a NEP (Nova Politica Econômica), enquanto, o país sofria um bloqueio diplomático e econômico quase total, com o Cordão Sanitário, o que aconteceu com todos os países que adotaram o socialismo. Seu modelo social era considerado uma ameaça político-social com implicações subversivas nos demais, além da desapropriação de empresas estrangeiras sem indenização não ser aceita juridicamente.

A NEP, como política que favorecia o camponês, permitiu a rápida recuperação da economia russa, devido ao caráter primitivo da agricultura, a qual necessitava modestos investimentos. O setor industrial era o grande sacrificado, gerando uma grande massa de desempregados. Ressurgiu gradativamente uma classe rica, os *nepmen*: comerciantes, industriais e especuladores. O meio rural, por sua vez, era um viveiro do capitalismo, onde a maior parte dos pequenos proprietários entrava em declínio, cedia suas terras aos *kulaks* (camponês médio ou grande) e tornava-se assalariada. Apesar dos problemas, o regime conseguiu criar milhares de escolas, sobretudo no campo, instituindo o ensino gratuito até os 12 anos, e ampliou enormemente a estrutura médico-sanitária, causando um impacto positivo sobre a recuperação demográfica.

42

1. DE MOSCOU À BERLIM: O SOCIALISMO QUE VEIO DO FRIO (1917-1967)

Em 1922 foi criada a União das Repúblicas Socialistas Soviéticas (URSS), como Estado federal multinacional, que contava com mais de cem povos (CARR, 1981).

Em 1927, Stalin consolidava sua liderança e havia problemas urgentes a resolver. A especulação com alimentos nos mercados privados e a necessidade de dominar os camponeses levaram o regime a lançar a coletivização da agricultura, uma autêntica guerra contra o mundo rural tradicional, considerado um entrave à implantação do socialismo. A agricultura, a ser cooperativada e modernizada, deveria contribuir para o financiamento da industrialização e fornecer a mão de obra necessária à indústria. Grande parte dos camponeses reagiu à coletivização, obrigando o governo a empregar a força, transformando este conflito numa verdadeira segunda guerra civil. Houve a eliminação dos *kulaks* como classe e a deportação de comunidades inteiras em direção às novas zonas econômicas, muitas vezes em pleno inverno. Neste trágico processo, mais de um milhão de pessoas pereceu devido à repressão, ao frio e à insalubridade dos campos de trabalho forçado, que constituíam a ponta de lança da implantação dos novos polos industriais e mineradores em zonas distantes (BETTANIN, 1981).

Paralelamente, era lançada a industrialização intensiva através do I Plano Quinquenal (1928-1933). Em alguns meses construíram-se indústrias e cidades onde antes sequer havia estradas, criando a base da indústria pesada e a infraestrutura de transportes e energia. A título de exemplo, entre a vitória da revolução e o ano de 1940, a geração de energia elétrica cresceu de 2 bilhões para 50 bilhões de Kwh, a de aço de 4 milhões para 18 milhões de toneladas e a de calçados de 60 milhões para 211 milhões de pares. Contudo, as alterações sociais foram ainda mais profundas, sobretudo a urbanização. No lapso de uma geração, a população urbana passou de 15% para 50%, o que nos Estados Unidos levou um século quanto ao percentual e 160 anos quanto ao número de pessoas (100 milhões). As cidades cresceram, mas ruralizaram-se socialmente, o que conduziu à adoção de medidas draconianas para disciplinar os novos operários à rotina de uma sociedade industrial, regulada pelo relógio e não pela natureza. A vida dos trabalhadores era, todavia, superior à do *mujik* (antigo camponês), com satisfações concretas que legitimavam o regime. Enquanto o acesso à educação, à cultura e ao atendimento médico universalizavam-se, a mulher era emancipada. Contudo, na ausência de uma consciência popular socialista, o regime lançou mão de uma camada técnica e burocrática calcada em estímulos materiais, mas rigidamente controlada politicamente (DAVIES, 1998).

Só em 1936 o regime foi institucionalizado, com nova Constituição, que introduziu o voto universal (até então vigorara uma espécie de estado de emergência). Mas necessidades de disciplinamento da população em rápida urbanização e o controle da crescente burocracia, em meio a uma conjuntura internacional cada vez mais adversa, levaram Stalin a desencadear expurgos nos escalões médios e superiores do Partido e da burocracia estatal entre 1936 e 1938 (BROUÉ, 1966). O terror desencadeado pelos expurgos stalinistas dentro do próprio grupo dirigente não visava conter uma revolta popular, que inexistia, nem uma oposição, que se encontrava dispersa, mas manter um estado de tensão interior, exagerando os inimigos de classe, numa fase de forte pressão externa. Isto também fornecia uma satisfação ao povo por falhas e dificuldades decorrentes das novas formas de organização, e permitia-lhe manter o controle sobre a burocracia por ele próprio estimulada. O stalinismo gerou uma simplificação do marxismo que acabou afetando o desenvolvimento ulterior, mas a curto e médio prazo transformou um país atrasado e continental na segunda potência mundial e em uma nação moderna num prazo exíguo. Tal transformação permitiria à URSS enfrentar com sucesso a dura prova da Segunda Guerra Mundial.

1. DE MOSCOU À BERLIM: O SOCIALISMO QUE VEIO DO FRIO (1917-1967)

REVOLUÇÃO OU GEOPOLÍTICA? A URSS NA SEGUNDA GUERRA MUNDIAL E NA GUERRA FRIA

A "GRANDE GUERRA PATRIÓTICA": A URSS NA SEGUNDA GUERRA MUNDIAL

A criação da Internacional Comunista, em 1919, mais do que "internacionalizar a revolução", buscava articular formas de pressão contra governos que ameaçavam a URSS. Stalin não confiava na organização, que era um canal de infiltração de agentes estrangeiros e de ideias "heréticas" sobre a Revolução, priorizando sempre a "defesa nacional da revolução", com seu Socialismo em um Só País. Ele acreditava que era necessária uma base geográfica para a consolidação da Revolução, que seria prioritária, em lugar de sua "exportação". A diplomacia e a geopolítica russa (agora "socialista soviética") deveriam ser o instrumento da defesa. Sobretudo, desejava evitar uma união das potências capitalistas contra o novo sistema (MACDERMOTT, 2006).

Esta foi a estratégia dominante, mesmo após a chegada de Hitler ao poder. Houve uma diplomacia triangular até 1941, inclusive com o Pacto Germano-Soviético de agosto de 1939. Nem Hitler nem Stalin acreditavam nele, apenas desejavam ganhar tempo e evitar uma guerra em duas frentes. Neste momento, o Exército Vermelho estava concentrado no oriente, repelindo os ataques japoneses de 1938-1939 (na Mongólia Socialista). O Pacto era apenas uma jogada tática contra os anglo-franceses, e todos fizeram jogo duplo até o fim da Guerra Mundial, inclusive as democracias ocidentais. Depois de subjugar a França, Hitler necessitava do trigo, carvão e petróleo da Rússia, devido ao bloqueio naval britânico. Poderia obter isso cedendo aos russos (até quando?) ou tomando a Ucrânia e o Cáucaso. A situação era tensa, permeada de espionagem e *fake news*. Trotsky, por sua vez, em seu exílio, relatava escândalos sobre a URSS à mídia internacional, com uma avalanche de "revelações" e "análises". Embora teoricamente atacando-a "pela esquerda", ele contribuía para que as potências capitalistas tivessem informações "de dentro" e desenvolvessem percepções para fundamentar sua estratégia.

POR QUE O SOCIALISMO RUIU?

Em janeiro de 1941 a liderança soviética já sabia que a invasão estava marcada para meados de maio, como forma de impedir a queima dos cereais (ainda verdes), que deveriam ser colhidos mais tarde pelos invasores. Mas antes Hitler teria que garantir o flanco sul (Bálcãs) para evitar uma ação inglesa, e dois eventos o fizeram perder cinco semanas. Ele fez com que Mussolini atacasse a Grécia desde a Albânia, mas ele falhou, além de o governo pró-alemão da Iugoslávia ter sido derrubado, obrigando o III Reich a ocupar os dois países militarmente, com elevados custos. Pior ainda, o Ministro japonês das Relações Exteriores, Matsuoka, se encontrava em Berlim em abril para discutir um ataque à URSS, quando ocorreu o golpe de Belgrado, que complicou os planos de Hitler. Matsuoka, então, ficou cauteloso e se dirigiu à Moscou, onde permaneceu por uma semana e acabou firmando o Pacto de Neutralidade Japão-URSS. E Rudolf Hess "fugira" para a Grã-Bretanha e tentara dialogar com o Partido Conservador. Churchill, porém, recusou-se a um acordo com Hitler, mas nada fez para impedir a invasão da URSS, que lhe convinha, conforme Louis Kilzer (A farsa de Churchill. Biblioteca do Exército, 1997).

O que se sucedeu a seguir foi a derrubada de três mitos históricos: a infalibilidade da *Blitzkrieg*, o despreparo de Stalin e a vitória do "general inverno". O plano de Hitler era uma ofensiva relâmpago de 4 a 5 semanas para destruir o Exército Vermelho e obter a rendição, pois ele não desejava lutar durante o inverno ou travar uma guerra prolongada por meses ou anos. A estratégia era atrair as forças soviéticas para perto da fronteira e, então, cercá-las e destruí-las em um mês, mas Stalin desejava resistir como possível, aproveitando a profundidade estratégica e mantendo reservas para contra-ataques. Os erros que ele cometeu foram dois: acreditar que a paz ainda era possível e que o objetivo alemão principal era a Ucrânia.

No dia 22 de junho, 153 divisões alemãs, 17 finlandesas, 18 romenas e 2 húngaras atacaram a URSS sem declaração de guerra, desencadeando a maior campanha militar da história (em uma frente de 3 mil quilômetros, 5 mil aviões, 5 mil tanques e 300 divisões). Era o início da *Guerra Racial e Total*, com a completa

1. DE MOSCOU À BERLIM: O SOCIALISMO QUE VEIO DO FRIO (1917-1967)

mobilização dos recursos dos beligerantes e a não distinção entre alvos civis e militares. O eixo norte visava Leningrado, o centro Moscou e o sul Kiev. Para essa operação, o III Reich estava apoiado nos recursos humanos e materiais de todo continente europeu (menos a Inglaterra).

Alguns historiadores argumentam que Stalin teria sofrido uma "depressão" e não reagido à invasão, mas essa versão foi criada por Kruschov em 1956, no XX Congresso do PCUS, como parte de sua política de desestalinização. No dia do ataque ele emitiu vinte decretos, participou de reuniões e audiências e elaborou e leu o texto exortando a população a resistir. Não entrou em pânico nem fugiu, como se afirmou, e sim tratou de centralizar o governo em suas mãos e de um pequeno comitê, para que as decisões fossem tomadas rapidamente. A transferência de indústrias para o leste, Urais e Sibéria, foi acelerada. E a resistência encontrada atrasou os alemães e imobilizou boa parte de suas forças, com o grosso do exército soviético permanecendo a salvo a 200-300 quilômetros da fronteira, mantendo reservas, realizando constantes contra-ataques e construindo três linhas defensivas. A cautela inicial de Stalin em relação às provocações alemãs, considerada vacilação, no final de contas, se revelou acertada, conforme os irmãos dissidentes Medvedev (2006, 297). Mesmo a destruição dos aviões (velhos) em solo preservou os pilotos mais experientes da morte.

Muito antes do inverno, durante o mês quente e seco de julho, a *Blitzkrieg* já havia falhado, pois nenhum dos objetivos havia sido alcançado ao cabo de cinco semanas. Apenas a tomada de Odessa, próxima da fronteira, levou dois meses. Território e homens foram sacrificados para atrasar a *Wehrmacht*: bolsões tinham de ser conquistados, com perda de tempo e soldados alemães. Leningrado não foi tomada, mas cercada durante novecentos dias (imobilizando grandes contingentes), a tomada de Kiev também demorou e no centro esbarraram na bem-sucedida contraofensiva soviética em frente a Moscou em novembro (a primeira derrota militar alemã na guerra). Mas a guerra de Hitler fora perdida antes da batalha de Moscou. Com o desfile comemorativo da

Revolução, em 7 de novembro de 1941, teve início a "Guerra de Stalin contra a Alemanha", segundo a expressão do historiador britânico John Erikson. Mais do que ao frio, a vitória soviética deveu-se à motivação dos soldados e, sobretudo, à capacidade organizativa da URSS, à estratégia militar adequada, à transferência de indústrias para o leste e à mobilização da população, deitando por terra a previsão de encontrar um povo apático e um regime odiado e incompetente. Stalin acertou um *modus vivendi* com a Igreja Ortodoxa e fez um chamado patriótico.

As tropas que desencadearam a vitoriosa contraofensiva frente à Moscou não eram "siberianas" (região quase despovoada), mas soldados da Frente do Extremo Oriente, comandadas pelo General Apanasenko, que estavam concentradas frente aos exércitos japoneses na Mongólia e na Sibéria. As divergências entre o Exército e a Marinha nipônicos e o embargo de petróleo pelos americanos e anglo-holandeses levaram o Japão a preferir atacar Pearl Harbor e as ricas colônias do sudeste asiático, em lugar de apoiar o III Reich contra a URSS. Ela poderia esperar, e que os alemães os derrotassem, pois a Sibéria não tinha petróleo nem alimentos. E o *timing* japonês não poderia ter sido mais infeliz: enquanto ultimavam o ataque à Marinha americana, a *Wehrmacht* era rechaçada em Moscou e, em lugar de voltar vitoriosa para casa, tinha de lutar no inverno e por anos seguidos em uma guerra de desgaste.

Depois da batalha de Moscou, na primavera de 1942 os alemães, reforçados por um exército italiano, lançaram a ofensiva principal em direção à Stalingrado e ao Cáucaso (chegaram ao Monte Elbrus, ponto mais alto), pois Leningrado seguia resistindo e Moscou se tornara impossível de conquistar. Era a estratégia possível, buscando recursos como alimentos, petróleo, carvão, minérios e mão de obra para a indústria alemã. Foi uma luta de desgaste dentro da cidade, que durou meses, envolveu 1,7 milhões de soldados e decidiu a sorte da guerra. As perdas alemãs eram grandes, as soviéticas eram maiores, mas eles tinham mais pessoas para mobilizar e lutavam em seu terreno (com enormes problemas logísticos para o III Reich) e defendiam seu país.

1. DE MOSCOU À BERLIM: O SOCIALISMO QUE VEIO DO FRIO (1917-1967)

A OFENSIVA SOVIÉTICA, AS GRANDES CONFERÊNCIAS E A DERROTA DO III REICH

Em Stalingrado, travou-se durante o inverno de 1942-43 a maior batalha da guerra, em uma luta casa a casa que resultou na completa derrota dos alemães com o cerco e a rendição de seu VI Exército. Em julho de 1943 ocorreu a Batalha de Kursk, no sul da Rússia, a maior de tanques da história, colocando frente a frente os Tigres alemães e os T-34 russos, com nova vitória do exército soviético. Este passou então à ofensiva ininterrupta, apesar das enormes baixas causadas pela encarniçada resistência dos alemães, que praticavam uma política de terra arrasada em sua retirada (WERTH, 1966).

Um problema que evidenciou a fragilidade e as contradições da aliança entre os anglo-saxões e os soviéticos foi a abertura de uma segunda frente na Europa Ocidental, que deveria aliviar a pressão dos exércitos alemães sobre a frente oriental. Seguidamente solicitado por Stalin, o desembarque foi negado de forma sistemática, algo que, apesar dos pretextos técnicos, pode ser associado politicamente à declaração do então senador Truman ao *The New York Times* em fins de 1941: "Se virmos a Alemanha ganhar, devemos ajudar os russos. Se a Rússia estiver em cima, devemos ajudar os alemães, de modo que eles se matem uns aos outros ao máximo". De fato, ao se defender os alemães resistiram em profundidade e, quando recuavam, destruíram tudo. Não houve o "rolo compressor", mesmo que os alemães não voltassem à ofensiva, e as baixas soviéticas fossem pesadíssimas.

As vitórias soviéticas reforçaram a posição internacional da URSS, posição que ficou clara nas conversações de Moscou (outubro de 1943), quando foram tomadas decisões estratégicas. Foi decidida a manutenção da aliança até a derrota completa do Eixo, a participação da URSS na guerra contra o Japão, a instalação de um tribunal internacional para julgar os crimes de guerra do III Reich (o julgamento de Nuremberg) e a criação de uma organização internacional para substituir a Liga das Nações (a ONU). A questão da segunda frente a ser aberta na Europa foi um tema delicado nas conversações. Em novembro de 1942, os aliados desembarcaram na África e, em 1943, no sul da Itália, porém sem afetar significativamente o poder da Alemanha, desapontando os soviéticos, que conduziam a guerra contra os nazistas praticamente sozinhos havia mais de dois anos. Os anglo-americanos se baseavam na geopolítica clássica: Hitler não deveria dominar a Rússia, adquirindo recursos e profundidade estratégica no *Heartland Eurasiano*. Cabia ao Exército Vermelho o custo de derrotar o poderoso exército de terra alemão.

A Conferência de Teerã (de novembro a dezembro de 1943) consolidou os princípios definidos na de Moscou e reforçou sua posição diplomática, graças à sua importante atuação na luta contra o III Reich, a qual os soviéticos denominaram *Grande Guerra Nacional* ou *Grande Guerra Patriótica*. Foi designado o norte da França para a abertura da segunda frente, em maio de 1944. Também foi acertado que a fronteira soviético-polonesa seria demarcada pela Linha Curzon. Entretanto, as Conferências de Moscou e Teerã demonstravam, acima de tudo, a emergência da URSS como potência e sua aceitação pela comunidade internacional (o que não eliminava totalmente a política antissoviética em importantes setores aliados)[3].

Quando os russos estavam por chegar à fronteira, vários acontecimentos marcaram uma mudança de atitude do Kremlin. O foco da propaganda política foi sendo mudado ao longo de 1942, com o declínio dos Comissários Políticos. Agora ressaltava

---

[3] A própria fotografia oficial da Conferência de Teerã mostrou o significado do evento. Isaac Deutscher comparou a diferença entre os líderes dos "três grandes", que ali estavam no mesmo nível: "Os antípodas extremos eram Churchill e Stalin, o descendente do Duque de Malborough e o filho de servos, um nascido em Blenheim Palace, o outro num casebre de um só quarto. Um ainda respirava a atmosfera espiritual da Inglaterra vitoriana e eduardina, por cuja herança imperial se batia com todo vigor de seu temperamento romântico. O outro carregava consigo toda severidade da Rússia czarista e bolchevista, cujas tempestades atravessara com tranquilidade fria, glacial. Um tinha atrás de si quatro décadas de debate parlamentar; o outro um período igual de atividade em grupos clandestinos e misteriosos politburos. (...) Roosevelt situava-se entre os dois, mas muito mais próximo de Churchill" (Deutscher, 1979, 458).

1. DE MOSCOU À BERLIM: O SOCIALISMO QUE VEIO DO FRIO (1917-1967)

a luta entre os Estados russo e alemão, com a restauração das patentes militares e da hierarquia profissional. Em 1943 a Igreja Ortodoxa foi legalizada (e apenas ela), passando a apoiar o regime, enquanto a Internacional Comunista, que estava fechada há anos, foi oficialmente extinta. Logo Moscou estabeleceu relações com o Vaticano, pois o *Exército Vermelho*, que seria rebatizado de *Exército Soviético*, estava por penetrar em nações católicas, como Polônia, Tchecoslováquia e Hungria. A mensagem era bem clara: cruzar as fronteiras como nação, não como Revolução. Em 1º de janeiro de 1944 o Hino da Internacional se tornou apenas o hino do Partido, sendo criado um Hino Nacional Soviético.

Em 1943-1944, por sua vez, houve uma espécie de limpeza étnica na parte europeia, com 2 milhões de pessoas sendo removidas do norte do Cáucaso, Criméia e baixo Volga e enviadas à Ásia central. Não foram apenas aquelas que colaboraram com os alemães, mas outras que se localizavam em regiões estratégicas, territórios que foram povoados com russos e ucranianos. Na Ucrânia e no Báltico, os elementos colaboracionistas foram deportados, enviados a campos de trabalho ou, em muitos casos, fuzilados. O traçado dos novos limites, mais do que ampliar territórios, buscava obter conexões com o máximo de países, e garantindo-as com populações confiáveis. Até hoje a metade norte da antiga Prússia Oriental alemã constitui um enclave russo (Kaliningrado), encravado entre Polônia e Lituânia (União Europeia), com litoral Báltico.

Enquanto isso, os soviéticos e as guerrilhas esquerdistas expulsavam os alemães dos países balcânicos e da Polônia até o início de 1945. Logo o Exército Soviético cercou Berlim, onde Hitler se suicidou, conquistando a cidade em uma luta feroz casa a casa. Concomitantemente, os anglo-americanos penetravam pelo oeste da Alemanha, ocupando o vale do Ruhr e outras regiões, encontrando resistência limitada. No norte da Itália e na Tchecoslováquia, as guerrilhas esquerdistas sublevavam-se contra os alemães, tornando inútil a continuação da luta.

No dia 8 de maio de 1945, o III Reich se rendia, encerrando a guerra na Europa e deixando um continente materialmente destruído e politicamente convulsionado. O Japão — sozinho, esgotado, constantemente bombardeado pelos norte-americanos e com sua marinha destroçada — procurou se manter e lograr uma forma negociada de encerrar o conflito. Afinal, sua estratégia nunca esteve conectada à da Alemanha. No início de agosto, porém, a pedido dos norte-americanos, os soviéticos atacaram suas forças entrincheiradas no norte da China e da Coreia (violando o Pacto de Neutralidade), enquanto os EUA jogavam sobre Hiroshima e Nagasaki duas bombas atômicas (uma de urânio e a outra de plutônio), militarmente desnecessárias. O Japão não compreendeu o significado atômico (Tóquio sofrera igual destruição em março) e não foi por isso que se rendeu, mas devido à derrota de seus exércitos frente aos soviéticos na Manchúria e Coreia duas semanas depois. Após um golpe de Estado abortar, o Imperador Hirohito convenceu os militares a capitular incondicionalmente, encerrando a Guerra Mundial apenas quatro semanas após Hiroshima.

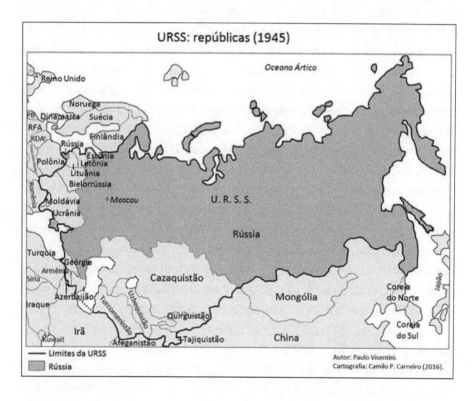

1. DE MOSCOU À BERLIM: O SOCIALISMO QUE VEIO DO FRIO (1917-1967)

DA DETERIORAÇÃO DA GRANDE ALIANÇA À FORMALIZAÇÃO DA GUERRA FRIA

A situação da URSS no fim da guerra era bastante contraditória. O país arcara com o maior peso para a derrota do III Reich, conquistara Berlim, libertara (ou ocupara) a Europa Oriental e se tornara membro permanente do Conselho de Segurança da ONU. Assim, passava a gozar do *status* de superpotência. Este último aspecto ocultava outro mais importante: finalmente o mundo capitalista aceitava o regime soviético ("legalizado" como Estado nacional) como um fato consumado, pois os planos de Hitler falharam. Mas a que preço havia sido obtidas tais vitórias? O que fora realizado nos anos 1930 teria de ser refeito, por uma população debilitada e sob condições internacionais cada vez mais adversas. Apesar da vitória na guerra, ela atrasou, dificultou e deformou a edificação do socialismo. Se o militarismo alemão havia sido vencido, agora a *diplomacia atômica americana* emergia como uma nova ameaça. Inicialmente sem a Bomba A e bombardeiros estratégicos, Moscou teve que manter um enorme exército no centro da Europa, como forma de eventual retaliação a um ataque nuclear americano. A criação da Organização do Tratado do Atlântico Norte (OTAN, a maior organização militar da história, ainda vigente) e o rearmamento alemão agravaram a cisão americano-soviética.

Stalin não desejava implantar o socialismo no Leste Europeu, porque necessitava que países capitalistas frágeis e pouco desenvolvidos formassem uma zona tampão securitária e político-ideológica protetora ao *seu* Socialismo em um Só País. O modelo soviético era marxista e leninista, mas também *russo e stalinista*, e, em culturas diversas, seria de difícil governabilidade e controle por parte do Kremlin. Assim como os soldados russos que perseguiram o exército napoleônico até Paris trouxeram ideias indesejáveis ao czarismo russo, as tropas soviéticas que perseguiram a *Wehrmacht* até Berlim foram recebidas com desconfiança, triagem e repressão em casa. O chamado *segundo stalinismo* respondia, objetivamente, à necessidade de reconstrução econômico-

POR QUE O SOCIALISMO RUIU?

-demográfica e de proteção militar devido à Guerra Fria. Mas também era a reação exagerada de um líder temeroso, que não sabia como responder aos novos desafios e estava envelhecendo. Com o fracasso da aposta em uma Alemanha neutra e desarmada (que deveria pagar as indenizações acordadas) e com a implementação da Doutrina Truman e do Plano Marshall pelos EUA, foi necessário reagir com os meios disponíveis. A resposta foi a *sovietização* forçada do Leste Europeu em 1947-1949, a improvisação de uma pequena Prússia luterana e socialista (a RDA, para barganhar) e a penosa autorização para Mao Tsé-tung conquistar o poder e para a Guerra da Coreia. Eram formas de desviar para a Ásia Oriental a tensão que crescia na Europa, considerada a ameaça principal por Moscou.

A Guerra Fria bipolar que iniciava, segundo o sociólogo norte--americano Mike Davis, constituía tanto um conflito ideológico--militar delimitado quanto um eficiente sistema regulador do sistema mundial pelas duas superpotências. No mundo inteiro existia uma onda de simpatia pelo socialismo e pela URSS, que logo foi convertido no novo inimigo das democracias liberais. Na imprensa americana Josef Stalin deixou de ser o respeitável, simpático e paternal *Uncle Joe* (Tio Zé) da Guerra Mundial e se tornou o tirano da Guerra Fria. Era o fim da Aliança Antifascista na diplomacia e nas coalizões governantes europeias do Leste e do Oeste, bem como o início da perseguição macartista à esquerda nos Estados Unidos, onde os Republicanos voltariam ao poder em 1953.

O surgimento de novos regimes socialistas não foi resultado de uma macroestratégia soviética, mas de circunstâncias variadas, gerando tanto trunfos quanto problemas para Moscou, como Estado e como centro revolucionário mundial. Polônia, Hungria, Romênia, Tchecoslováquia, Bulgária e Alemanha Oriental eram controlados por Moscou, enquanto Iugoslávia, Albânia, China, Vietnã do Norte e Coreia do Norte não. Curioso foi que Stalin resolveu o problema nacional da Polônia, a qual, pela primeira vez na história, possuía fronteiras definidas e homogeneidade étnica, e que a Iugoslávia de Tito criou uma variante socialista/

1. DE MOSCOU À BERLIM: O SOCIALISMO QUE VEIO DO FRIO (1917-1967)

neutralista original, mantendo independência e contato com os dois blocos.

A URSS fez várias tentativas de tentar salvar os acordos de Yalta, aos quais a administração Truman se opunha de forma cada vez mais resoluta. O governo americano interrompeu, bruscamente, a ajuda fornecida, por meio da Lei de Empréstimos e Arrendamentos, à URSS. Washington também voltou atrás no tocante à cobrança de reparações de guerra no conjunto da Alemanha por Moscou. Em 1946, Churchill, discursando na Universidade do Missouri (tendo Truman na assistência), lançou seu famoso brado antissoviético, segundo o qual uma *Cortina de Ferro* descera sobre metade da Europa. Nas eleições parciais de 1946, o Partido Republicano obteve a maioria no congresso e, juntamente com a ala direita do Partido Democrata, empurrava o governo Truman para uma política ainda mais dura. Nesse mesmo ano, a guerra civil reiniciou na Grécia.

Apesar dos riscos políticos contidos na nova conjuntura, a URSS prosseguiu a desmobilização militar, pois se vira na contingência de reconstruir sua economia em bases autárquicas, sendo que os soldados eram indispensáveis para suprir a carência de mão de obra e para a recuperação demográfica. A falta de apoio externo levou o país a reeditar as durezas do stalinismo dos anos 1930, mas, apesar dos sacrifícios exigidos, a reconstrução econômica foi lograda aos poucos. No Leste Europeu, por sua vez, a democracia liberal funcionava normalmente em uma Tchecoslováquia sem tropas de ocupação, e os nacionalistas de vários matizes ainda eram majoritários dentro da coalizão no poder da Polônia. Nos Bálcãs, os comunistas iugoslavos, liderados por Tito, mantinham sua independência frente a Stalin e articulavam, com o prestigiado líder comunista búlgaro Dimitrov, a ideia da criação de uma confederação balcânica que fosse autônoma em relação a Moscou e que incluísse também outros países vizinhos (ao que Stalin se opunha) (LESAGE, 1971).

Enquanto isso, cresciam as dificuldades financeiras da Europa Ocidental, pois os países dessa área sofreram grande desgaste econômico com a guerra e se tornaram importadores, sobretudo dos EUA, até a exaustão de suas reservas monetárias. Por outro lado, as tendências democráticas dos movimentos antifascistas conferiram grande força a uma esquerda que, em certa medida, se opunha à presença norte-americana. Esse fenômeno, aliado à existência de vias nacionais autônomas tanto no Oeste como no Leste Europeu e ao movimento sindical dentro dos EUA (que lutava para não perder os privilégios obtidos durante a guerra, agora ameaçados pela reconversão industrial) representavam uma ameaça, segundo a percepção da Casa Branca.

A partir desse momento, a administração Truman passou a trabalhar na estruturação de um mercado europeu aberto às finanças e ao comércio privados dos EUA. Esse projeto iniciou-se pela criação da bi-zona alemã (unificando as áreas de ocupação da Grã-Bretanha e dos EUA), que em seguida deveria ampliar-se por toda a Europa Ocidental. A implementação dessa política ocorreu em 1947, com a proclamação da *Doutrina Truman* (em 12 de março) e o lançamento do *Plano Marshall* (em 5 de junho). A última foi enfrentada por Stalin nas duas metades do velho continente, pois a recepção da ajuda financeira estava atrelada a reformas políticas e econômicas liberais e propiciavam a supremacia dos EUA.

Os partidos comunistas (PCs) da Europa Ocidental, aliados à Moscou, promoveram greves infrutíferas em oposição ao Plano Marshall. Se em longo prazo esses países perdiam parte de sua autonomia, no plano imediato a chegada de mercadorias aliviava uma população cansada pelos sofrimentos da guerra e pelas privações materiais, as quais persistiam após dois anos de encerramento do conflito. As elites nacionais, por sua vez, viam nessa política a sua salvação. A ajuda americana, já empregada como instrumento de pressão em eleições europeias, implicava na expulsão dos comunistas dos governos de coalizão ocidentais (por se oporem ao Plano), sobretudo na França e na Itália, onde estes constituíam partidos fortes.

Após as expulsões dos PCs ocidentais dos governos, os fatos se sucederam em uma avalanche em 1947. O discurso do soviético Jdanov sobre o antagonismo irredutível entre socialismo e capi-

1. DE MOSCOU À BERLIM: O SOCIALISMO QUE VEIO DO FRIO (1917-1967)

talismo representava uma réplica à Doutrina Truman e ao Plano Marshall, sendo esse último rejeitado pela URSS e pelas Democracias Populares. Em seguida, os EUA criaram a CIA (Agência Central de Inteligência) para atuar em âmbito mundial, como reação à notável expansão das redes de espionagem internacional soviéticas durante a guerra. Na sequência, os PCs no poder na URSS e na Europa Oriental, bem como os da França e da Itália, criaram o *Kominform* (Agência de Informação Comunista), visando à coordenação das ações dos PCs na Europa contra o Plano Marshall.

Stalin respondeu ao desafio da unificação monetária das zonas ocidentais da Alemanha decretando o bloqueio terrestre de Berlim Ocidental, acreditando que forçaria os EUA a recuarem em sua política. Durante essa primeira crise de Berlim, a cidade foi abastecida através de uma impressionante ponte aérea durante quase um ano. Os soviéticos acabaram levantando o fracassado bloqueio, em meio ao júbilo da população alemã. Junto com o Golpe de Praga, o Bloqueio de Berlim simbolizava um "perigo soviético". Nesse particular, Truman foi bem-sucedido, pois o espectro de um comunismo agressivo representou um valioso elemento para desmobilizar a opinião pública antifascista. A Escandinávia, que se encaminhava para uma política neutralista, se voltou para o lado dos EUA (Noruega, Dinamarca e Islândia ingressariam na OTAN). Apenas a Suécia manteve-se neutra, num sutil jogo diplomático, aceito por Moscou, o qual, sem dúvida, evitou a inclusão da Finlândia no rol das Democracias Populares. A esquerda liberal em todo o Ocidente aliou-se à centro-direita, tornando-se anticomunista e antissoviética a partir de então.

Essa verdadeira *marshallização* da opinião ocidental permitiu eliminar a oposição à política de rearmamento maciço, que representaria a base de sustentação de políticos como os irmãos Dulles. Enquanto essa nova corrida armamentista reativava setores ameaçados da economia norte-americana, obrigava os soviéticos a mobilizar 1,5 milhão de soldados, reduzindo o ritmo da reconstrução da URSS e do Leste Europeu. Iniciava-se então, nas Democracias Populares, a austeridade material e a construção da corte stalinista, que foram uma das bases das futuras crises em 1956. No plano estritamente político, Moscou enquadrou então esses países à sua estratégia, expulsou os nacionalistas e conservadores dos governos de coalizão e, após o conflito com Tito, expurgou os comunistas mais independentes.

Apesar de certas formas exaltadas e maniqueístas da Guerra Fria, esta possuía sua racionalidade, pois constituía *tanto um conflito quanto um sistema*. Permitia aos EUA manter o controle político e a primazia econômica tanto sobre seus aliados industriais europeus como sobre a periferia, sobretudo latino-americana. Ao explorar a ideia de uma ameaça externa, Washington obtinha a unidade do mundo capitalista e orientava-a contra a URSS e os movimentos de esquerda e nacionalistas, tanto metropolitanos como coloniais, emergidos da Segunda Guerra Mundial. A manutenção de um clima de tensão militar conferia aos EUA uma posição privilegiada para consolidar sua expansão econômica e administrar convenientemente o processo de emancipação das colônias, que desejava subtrair ao controle de seus próprios aliados europeus. Essa permanente tensão permitiria a hegemonia inconteste da formidável máquina militar americana em pleno tempo de paz. A Guerra Fria constitui-se, assim, em uma verdadeira *Pax Americana*, onde a URSS tinha, enfim e apesar de tudo, um espaço internacional legitimado e um espaço geopolítico reconhecido.

O SOCIALISMO CHEGA AO OCIDENTE E AO ORIENTE: O LESTE DA EUROPA E DA ÁSIA

A EUROPA ORIENTAL

Para se compreender a real perspectiva da ação soviética no Leste Europeu é necessário compreender a realidade da época e as necessidades do país. Por ironia, a divisão em zonas feita em Yalta deixava sob *influência* da URSS os Estados vizinhos em que, excetuando a Tchecoslováquia, os Partidos Comunistas eram

1. DE MOSCOU À BERLIM: O SOCIALISMO QUE VEIO DO FRIO (1917-1967)

débeis. Em compensação, na Iugoslávia, Albânia, Grécia, França e Itália eles estavam armados e eram muito fortes. Para ter seu direito respeitado no Leste, Stalin orientou as forças de esquerda a deporem armas nos três últimos, que ficaram sob controle Ocidental, mas não pôde impedir que os dois primeiros construíssem regimes socialistas, que ele não conseguia controlar.

Com o fracasso da aposta em uma Alemanha neutra e desarmada, obrigada a pagar indenização de guerra (metade da economia da URSS fora destruída), e com a implementação da Doutrina Truman e do Plano Marshall pelos EUA, Moscou reagiu com os meios disponíveis: a sovietização forçada do Leste Europeu em 1947-1949. Também improvisou a criação de uma pequena Alemanha prussiano-luterana socialista, a República Democrática Alemã (RDA, Oriental), como forma de barganhar a questão alemã. Stalin não aprovava governos comunistas com vontade própria, como a Iugoslávia de Tito, que criou uma variante socialista/neutralista original, mantendo independência e contato com os dois blocos.

Sem dúvida os militantes comunistas que sobreviveram à guerra no Leste necessitaram do apoio soviético para se reerguer. Mas o que surpreende foi a rapidez e intensidade do processo, cujo fator primordial resultou da própria ação da Alemanha nazista durante a guerra, que dizimou, enfraqueceu ou deslegitimou as elites locais e suas estruturas de poder. Hitler eliminou a intelectualidade liberal, as instituições políticas, estatizou empresas locais e centralizou a economia. Assim, realizou as tarefas violentas que seriam necessárias para uma *revolução socialista*. O que os soviéticos encontraram no Leste Europeu foi um vácuo de poder e anomia sociopolítica que não eram difíceis de preencher. Também não foi difícil fazer uma reforma agrária nas terras de latifundiários colaboracionistas (muitos fugiram), ampliando o apoio popular ao "libertador".

O projeto do Kremlin, inicialmente, não era tornar estes países socialistas, mas mantê-los sob sua influência, com o objetivo de garantir a defesa da URSS. A Europa Oriental se tornava o *glacis* da URSS, devido ao temor da bomba atômica, da aviação estratégica (com seus planos de ataque preventivo) e das bases militares inimigas estendidas em torno do país. A reação soviética, no plano interno, constituiu na elaboração de um acelerado programa atômico, no desenvolvimento da aviação de caça, na implementação de um poder militar terrestre como forma de desencadear uma represália às posições americanas na Europa e no *segredo geográfico* para cegar o *Strategic Air Command.* O segredo geográfico e a profundidade terrestre eram vitais para a defesa aérea na época.

O conflito URSS-Iugoslávia, fora a querela ideológica e os aspectos personalistas ou nacionalistas, envolvia problemas tão profundos quanto sutis. Obviamente, as divergências entre Stalin e Tito nos planos ideológico, nacional e tático-estratégico eram reais, pois o líder soviético realmente desejava subordiná-lo. Contudo, por que somente nessa conjuntura adquiriram tal importância? Até 1947 os países fronteiriços da URSS na Europa eram área de influência da Rússia, e a questão da revolução socialista não se encontrava na ordem do dia (por sua cultura política diferente, Stalin achava difícil o seu controle). A zona de ocupação soviética na Alemanha era parte do problema alemão, ao passo que a Iugoslávia e a Albânia representavam um caso especial, no qual os comunistas locais eram, autonomamente, as forças dominantes nacionais.

A situação desses países, com litoral no mar Mediterrâneo, de frente para uma Itália que era vital para a estratégia militar americana na Europa, e ainda sem fronteiras com a URSS, complicou-se dramaticamente com o advento da Guerra Fria. O Ocidente não toleraria sua inclusão em um bloco controlado pelos soviéticos. Assim, a Iugoslávia tornou-se oficialmente autônoma frente ao Kremlin, Tito foi saudado pela opinião pública como "bom comunista" e seu país tornou-se um Estado-tampão, neutro, em uma época de acelerada militarização, o que também convinha, de certa maneira, a Stalin. Já os comunistas albaneses, sentindo-se vulneráveis perante a Iugoslávia na nova situação, mantiveram-se aliados à URSS, embora seus vínculos militares não fossem mais que simbólicos. Não podendo ser neutra, a Albânia isolou-se do

1. DE MOSCOU À BERLIM: O SOCIALISMO QUE VEIO DO FRIO (1917-1967)

entorno regional para poder sobreviver ao domínio iugoslavo ou invasão ocidental.

Em 1949, a Guerra Fria intensificou-se. Em janeiro, a URSS criou o Conselho de Assistência Mútua Econômica (CAME ou CO-MECON), integrando os planos em desenvolvimento e lançando as bases de um mercado comum dos países socialistas, em uma clara resposta ao Plano Marshall. A conexão das economias do Leste foi desviada para a União Soviética e a industrialização foi impulsionada, para criar uma classe operária forte, a qual seria, segundo acreditavam, pró-socialista. Em abril, a iniciativa coube aos EUA e seus aliados da Europa Ocidental, que criaram a OTAN (Organização do Tratado do Atlântico Norte), a qual perpetuava, intensificava e legalizava a presença militar norte-americana no continente europeu.

A divisão da Europa agora era completa, repercutindo na questão alemã. A URSS punha fim ao bloqueio de Berlim em maio, e em setembro era fundada a República Federal da Alemanha (RFA), com capital em Bonn, reunindo as zonas de ocupação americana, francesa e britânica, nas quais se encontravam a ampla maioria das indústrias alemãs. Konrad Adenauer, político conservador e admirador dos EUA, tornou-se o dirigente da Alemanha capitalista (Ocidental). No mês seguinte ocorria a fundação da República Democrática Alemã (RDA) em Berlim-Leste, onde os soviéticos podiam cobrar indenizações, e pilhar a economia de um território já devastado. A criação da Alemanha socialista (Oriental) na zona de ocupação soviética era uma resposta de Moscou ao estabelecimento da RFA, mas, segundo o historiador alemão Wilfred Loth (1998), a Alemanha Oriental era "o filho não desejado de Stalin", uma madrasta malvada, a União Soviética. Moscou só reconheceu o regime em 1953, e a RDA tinha que se defender não só dos ocidentais, como da própria URSS, com uma população que foi doutrinada pelo nazismo. E os comunistas alemães foram avisados que o regime seria dissolvido se a Alemanha Ocidental aceitasse ser neutra. O Muro de Berlim só foi construído em 1961 e, em 1989, a RDA seria entregue por Gorbachev.

A Iugoslávia e a Albânia seguiram caminhos próprios. A primeira obteve certo desenvolvimento, mas teve de lidar com suas várias nacionalidades, tornando-se uma federação, enquanto a segunda se isolou cada vez mais. Romênia e Bulgária eram agrárias, de religião ortodoxa, e custaram a se desenvolver, com a primeira se afastando de Moscou e a segunda sendo fiel ao Kremlin. O problema maior eram os países católicos, que sofriam a influência do Vaticano, mas a Tchecoslováquia era o único país industrializado e menos religioso. Já a Polônia e Hungria eram fortemente católicas e agrárias, passando por rápida industrialização nos anos 1950. Em todos esses países houve a fusão entre os partidos comunistas locais e os social-democratas, que eram mais numerosos, como forma de ter uma esquerda com capacidade de governar, sob supervisão soviética. Todavia, apesar de tudo, essa região atrasada da Europa se tornou urbano-industrial e moderna sob o socialismo, embora sempre se comparassem com a Europa Ocidental, mais rica (BLANC, 1974).

A ÁSIA ORIENTAL: A REVOLUÇÃO CHINESA, ALIADA-CONCORRENTE

Paralelamente a esse processo, os dólares do Plano Marshall começavam a chegar à Iugoslávia, e a esquerda grega, sem auxílio soviético, era esmagada. As coisas não haviam ocorrido no continente europeu como Stalin planejara, particularmente no tocante à questão alemã. Em lugar de uma Europa de equilíbrio de poderes, onde ele poderia jogar com a divisão entre os adversários, havia uma divisão em que a parte desenvolvida do continente estava unificada, sob controle americano, enquanto ele dominava seis países pequenos e atrasados do Leste Europeu. Contudo, ao mesmo tempo, a URSS detonava sua primeira bomba atômica e os comunistas chineses venciam a guerra civil e proclamavam, em 1º de outubro de 1949, a República Popular da China (RPC), o país mais populoso do planeta. A Guerra Fria chegava a um impasse, além dos grupos políticos conservadores (sobretudo norte-americanos) decidirem fabricar a Bomba de Hidrogênio e promover a perseguição política macartista nos EUA.

1. DE MOSCOU À BERLIM: O SOCIALISMO QUE VEIO DO FRIO (1917-1967)

Stalin não desejava uma vitória comunista na China, difícil de absorver para ele e para os Estados Unidos, mas sim um equilíbrio de poder ou neutralização nas fronteiras orientais, pois a frente preocupante era a Europa. Mas a determinação de Mao Zedong, a debilidade do Kuomintang e o fracasso da estratégia europeia do Kremlin, levaram o líder soviético a buscar uma compensação estratégica na Ásia. Foi dado sinal verde para a Revolução Chinesa (que já se encontrava em estado avançado), como forma de criar um equilíbrio que compensasse o que considerava uma ameaça na Rússia europeia. Assim, em 1949 surgia a República Popular da China como grande nação socialista, que assinaria um Acordo de Defesa e Cooperação com a URSS no início de 1950. A nova China era frágil, pois os norte-americanos estavam no Japão, na Coréia do Sul, protegiam Taiwan e um exército do Kuomintang estava na fronteira da Birmânia. A década de 1950 foi de uma aliança entre a China e a União Soviética, que colaborava na reconstrução de um país que se encontrava em guerra (civil e externa) há 150 anos, desde as Guerras do Ópio. Não havia outra opção para Pequim.

No mesmo sentido, nove meses depois da implantação da RPC, eclodiu a Guerra da Coreia, com o norte socialista avançando triunfalmente sobre o sul capitalista. Stalin havia hesitado, mas deu o seu consentimento para a ação após negociar com Mao e com Kim Il-Sung, apoiando materialmente, mas sem envolver suas tropas. Esperava uma campanha rápida, que era do interesse chinês, para afastar a ameaça americana. Mas os EUA, sob mandato da ONU, promoveram uma intervenção maciça e a guerra se prolongaria por quase três anos, obrigando os chineses a também intervir para salvar os norte-coreanos. A Coreia do Norte se tornou um regime militarizado e entrincheirado, não apenas voltado contra a Coreia do Sul e os EUA, mas buscando evitar se alinhar na disputa entre seus padrinhos chineses e soviéticos. Ela procurou um caminho próprio, se isolando. Tal conflito, o primeiro que os Estados Unidos não venceram, levou Washington a promover o rearmamento massivo e a remilitarização da Alemanha Ocidental, o pior pesadelo de Moscou. Por isso a URSS criou o Pacto de Varsóvia em 1955 (seis anos após a OTAN haver sido implantada) (ARMSTRONG, 2003).

Stalin desejava manter o controle sobre as nações socialistas, mas a China era diferente do Leste Europeu. Sua Revolução era autônoma, com ampla base camponesa, e se tratava de um Estado e civilização de grandes dimensões, com mais de quatro mil anos de continuidade histórica. O país mais populoso do mundo desejava uma posição internacional de destaque e um lugar privilegiado no mundo comunista, recusando ser peão de Moscou. A China tinha que aguardar até sua situação se consolidar, mas ela iria se complicar. A desestalinização, iniciada em 1956 por Krushov, criava um problema grave para a China: a noção de Coexistência Pacífica, que implicava num congelamento da ordem mundial e em um *modus vivendi* entre os EUA e a URSS. Isso impediria que a reunificação territorial da China ocorresse, pois Moscou não desejava uma nova guerra na Ásia. E a recusa soviética em dotar os chineses de armas nucleares foi a gota d'água (WESTAD, 2007).

Ironicamente, Mao começou a defender Stalin (falecido em 1953) e seus seguidores contra Krushov. Além da questão nacional e internacional, estava em jogo a liderança no mundo comunista, pois os sucessores de Stalin eram burocratas desconhecidos, e ele o líder mundialmente reconhecido de uma grande revolução recém vitoriosa. A ruptura partidária sino-soviética ocorrerá em 1963, com a adoção de uma postura diplomática que visava a independência frente ao "grande irmão" soviético. Krushov tratou os líderes chineses com arrogância, o que provocou a ruptura. Os Partidos Comunistas se dividiram em todo o mundo entre facções pró-soviéticas e pró-chinesas. O Campo Socialista deixava de existir, e Moscou comandava agora apenas o Campo Soviético, que compreendia a URSS e o Leste Europeu, o que influenciaria na queda de Krushov (FOY, 1988).

Ele também cancelara o acordo nuclear que fora assinado entre Moscou e Pequim, irritando os chineses, que passaram a denominar a URSS de potência "Social-Imperialista". A China não era uma Polônia ou uma Hungria, onde era possível intervir.

1. DE MOSCOU À BERLIM: O SOCIALISMO QUE VEIO DO FRIO (1917-1967)

Políticas chinesas como o Grande Salto à Frente, mais do que uma doutrina econômica, representavam uma estratégia de defesa contra a URSS e os EUA, disseminando por seu território pequenas siderúrgicas, para o caso de uma guerra nuclear destruir as cidades industriais. E países do Leste Europeu também buscaram autonomia, como a Romênia, ou se aliaram à China, como a pequena Albânia, irritada com a reaproximação da URSS com a Iugoslávia de Tito (e seu comunismo cooperativo e liberal), promovida por Krushov.

Os anos 1960 foram difíceis para a China Popular, com experimentos trágicos, como a Revolução Cultural e conflitos dentro do Partido, além de isolamento internacional. A teoria chinesa era de que as duas superpotências seriam igualmente imperialistas, o que foi desgastante também para a URSS. Mas as coisas pioraram quando, em 1971, a China estabeleceu uma aliança com os EUA, obrigando Moscou a militarizar suas imensas e desabitadas fronteiras (e as da Mongólia) com a China. Inclusive ocorreram incidentes armados entre os dois gigantes do mundo comunista em 1969.

A DÉCADA DE KRUSHOV: UMA MUDANÇA MALSUCEDIDA (1953-1964)

Stalin faleceu em 5 de março de 1953, sem haver indicado um sucessor, pouco após profundas mudanças anunciadas no XIX Congresso do PCUS de outubro de 1952. Isso gerou incerteza e acirrada luta pelo poder, que conduziu à desestalinização no XX Congresso do PCUS (1956), com o Relatório Secreto de Krushov. Ele afirmou o seu poder e gerou expectativas de mudanças internas e externas. De fato, houve liberalização interna, melhoria nas condições de vida e a formação de uma diplomacia mundial que superava o isolamento do país. Mas ele governou de forma personalista e errática, prometendo mais do que podia cumprir, provocou a ruptura com a China Popular e fracassos internacionais, como a Crise de Berlim (1961) e a dos Mísseis em Cuba (1962), sendo derrubado em 1964. Suas reformas ficaram no meio do caminho.

Os anos finais de Stalin foram marcados tanto por aspectos repressivos como transformadores. Com sua saúde debilitada, ele se ausentava de Moscou por longos períodos (até três meses) para tratamento de recuperação no Mar Negro e no Cáucaso. Mas ao mesmo tempo em que preparava um novo Congresso (não eram realizados desde 1939), desencadeou campanhas repressivas contra Beria e seus amigos georgianos, a comunidade judaica e os médicos (janeiro de 1953). O alvo era uma facção do Partido, o temor de um assassinato e organizações judaicas com conexões internacionais, acusadas de serem americano-sionistas e antissoviéticas. Em fevereiro de 1953 rompeu relações com Israel, Estado cuja criação a URSS apoiou na ONU e enviando armas. À parte certa paranoia, a lógica era encaminhar a sua sucessão e uma mudança geracional e institucional do Partido e do Estado no XIX Congresso do PCUS, mais uma vez empregando o terror para controlar os potenciais adversários.

O que foi decidido em outubro de 1952 era uma mudança nas esferas decisórias, que incluía quadros mais jovens e reduzia o poder dos veteranos. Mas as diretrizes não chegaram a ser implementadas e nunca houve a indicação formal de um sucessor, que os irmãos Medvedev (2006) apresentam evidências como sendo Mikhail Suslov, que foi o ideólogo do Partido até sua morte, em 1982. Os aspirantes à sucessão prejudicados pelas novas regras, Krushov, Beria e Malenkov tiveram um inverno tenso e conspiratório. Em 1° de março de 1953 Stalin teve um derrame e ficou sem socorro por mais de 12 horas na sua *dasha* (casa de campo), em meio a ordens e contraordens do trio, que utilizou o tempo para negociar a sucessão e neutralizar qualquer reação. No dia seguinte, quando Stalin foi enviado ao hospital, seus arquivos desapareceram para sempre, pois eles incriminavam muita gente, podendo derrubar o trio ou ser usado contra adversários. Eles nunca mais foram encontrados e Stalin faleceu dia 5 de março, causando imensa comoção popular e alívio para os sucessores, que compartilharam o poder e começaram a lutar entre si.

Durante a direção coletiva, as rivalidades intrapartidárias continuavam, inclusive após a execução de Beria, o líder da polícia

1. DE MOSCOU À BERLIM: O SOCIALISMO QUE VEIO DO FRIO (1917-1967)

política, que, paradoxalmente, pregava a liberalização. Krushov foi eleito secretário do Partido e Malenkov, líder do governo. O primeiro acabou predominando em 1955 com a demissão do segundo, e em 1957 expurgou o "Grupo Anti-Partido" (defensores das políticas de Stalin): Molotov, Voroshilov, Kaganovich e Zhukov. Krushov adotou uma linha que se apoiava nas ideias de Bukharin, em favor do camponês, do aumento do consumo e da descentralização do planejamento econômico e em "competir com o capitalismo", ideias que seriam retomadas por Gorbachev mais tarde. Nesse quadro, apoiava maior autonomia privada na economia (como "cooperativas"), dando origem à economia paralela, ou "mercado negro".

O XX Congresso do PCUS (1956) lançou a campanha de desestalinização, que causou um impacto devastador. A direção coletiva do Partido concordou em acabar com a repressão do governo de Stalin, além de elevar o nível de vida da população. A rejeição do modelo anterior foi divulgada no *Discurso Secreto* de Krushov (logo vazado ao exterior) denunciando crimes, ilegalidades e o Culto à Personalidade, repercutindo em todo o campo socialista e no Partido. Ele, que fora um dos executores de muitos dos atos que denunciava, buscava com tal política deslegitimar seus rivais dentro do Partido. Também teorizou a diversidade de caminhos para o socialismo, inclusive aventando a possibilidade de transição pacífica ao regime, visando facilitar alianças políticas no Terceiro Mundo. A sua noção de distensão internacional se baseava no congelamento da situação mundial, o que afetava e subordinava as revoluções mais jovens, como a Chinesa.

O Congresso pode ser considerado como um divisor de águas, pois representou o início da erosão da legitimidade do sistema e do reforço do anticomunismo. A esquerda, para escapar da terrível realidade denunciada por Krushov (embora exagerada, distorcida e, às vezes, até falseada), buscou a fuga na suposta "pureza do marxismo" (criticando Stalin e, depois, Lenin), enquanto os liberais e os conservadores focavam, comparativamente, na "pureza do Ocidente" frente ao comunismo. A *desestalinização permanente*, mais e mais radical, denunciando "o Deus que falhou", serviu para anular toda identidade, autoestima e conduzir, trinta e cinco anos depois, à capitulação e à implosão do sistema e do país.

As políticas de Krushov eram problemáticas tanto ideologicamente como em termos práticos, pois encorajaram o país a olhar para o Ocidente, não apenas na busca de métodos de produção, mas como parâmetro comparativo das realizações soviéticas. Os objetivos socialistas foram deformados como simples competição material e cediam no plano ideológico, criando uma mentalidade de permanente inferioridade (um fenômeno cíclico na história russa), estimulando uma sociedade consumista estranha ao ideário socialista. Stalin, em *Problemas econômicos do socialismo* (1952), advertira que "deixar de dar primazia aos meios de produção [iria] destruir a possibilidade de expansão contínua de nossa economia nacional".

Retomando políticas semelhantes à NEP, Krushov decidiu ampliar a produção agrícola de imediato, desencadeando, em janeiro de 1954, uma campanha nacional pelo cultivo das Terras Virgens (as savanas e estepes menos férteis do sul da Sibéria e norte do Cazaquistão). O sucesso inicial levou-o a considerar que o caminho para o comunismo se aproximava e substituiu os conceitos de ditadura do proletariado, partido de vanguarda e de Estado operário-camponês por noções como "Partido e Estado do povo inteiro", diluindo o conteúdo de classes antagônicas ainda existentes. Por essa razão, bem como a política econômica e internacional errática, ele enfrentou forte oposição. A política interna de Krushov dava ênfase à agricultura e aos bens de consumo, dificultando a planificação e relegando os bens de capital a segundo plano. A coordenação da produção e abastecimento ficou ainda mais difícil, já que os interesses locais suplantaram o interesse nacional. A burocracia, que se sentia aliviada pelo fim da repressão de Stalin sobre ela, queria estabilidade e uma posição de maior destaque e poder, mas as constantes reformas de Krushov geravam incerteza e fracassos (DEUTSCHER, 1971).

Krushov, que teve apenas dois anos de educação formal, nasceu em 1894 na fronteira da Rússia com a Ucrânia, tendo vivido

1. DE MOSCOU À BERLIM: O SOCIALISMO QUE VEIO DO FRIO (1917-1967)

mais nessa última, que ele favoreceu, inclusive entregando-lhe a Criméia, povoada por maioria russa. Ele necessitava o apoio do braço ucraniano do partido para se consolidar no poder. Mesmo com Partido Único, há luta de facções e diferentes enfoques, e o poder unipessoal não existe sem apoio de pares e subordinados. Interessante observar que a URSS entre 1922 e 1982 foi liderada por um georgiano (Stalin) e dois ucranianos (Krushov e Brejnev), e apenas nos anos iniciais e finais por russos (Lenin e Gorbachev).

Krushov modificou, mas não alterou estruturalmente o stalinismo, que representava um sistema repressivo, com o tradicional autoritarismo russo, mas viável e eficaz. Restaurou parcialmente a legalidade, eliminando o terror, liberalizando as artes e interrompeu os expurgos na burocracia, mas sempre humilhava publicamente os auxiliares. Todavia, os resultados de suas políticas voluntaristas e erráticas tornaram os problemas do Partido, do Estado, da economia, da ideologia e da política internacional ainda mais agudos. Em outubro de 1964 foi retirado do poder por um golpe palaciano pelos líderes do Partido, do Estado e da KGB, mas não do exército, foi confinado em sua *dasha* e seu nome nunca mais foi mencionado (faleceu em 1971). Foi o único líder soviético a não morrer no cargo, mas isso não significou que as ideias liberalizantes tivessem desaparecido, pois ele mudara a forma de recrutamento do PCUS, colocara pessoas afins em posições-chave e influíra na mentalidade da população. Mas, sobretudo, deixou espaço para o avanço de uma economia paralela, e a atitude de Brejnev, seu sucessor principal, foi mais a de uma política de acomodação e pacificação, eliminando apenas os aspectos mais desagregadores de suas políticas (DEUTSCHER, 1967).

A sociedade que os herdeiros de Krushov encontraram seria bem diferente daquela deixada por Stalin. Doze anos após a morte do líder, cerca de 53% da população soviética era urbanizada, um desenvolvimento que fez a sociedade mais fácil de mobilizar, mas mais difícil de controlar, devido não só a complexidade organizacional, mas também à ampliação do acesso à educação e cultura. Krushov diminuiu drasticamente o número de moradores de apartamentos coletivos e alojamentos, com a construção de novos conjuntos residenciais em larga escala. O aumento do consumo de carne (57%), peixe (80%), vegetais (41%) e frutas (155%), além de eletrodomésticos, que, apesar de ainda serem demorados de obter, contrastavam com a austeridade anterior (TOMPSON, 2003).

RUMO A UMA DIPLOMACIA MUNDIAL

Após a morte de Stalin, em 1953, foi estabelecida a primeira *détente* (distensão) leste-oeste e, posteriormente, o impacto da desestalinização permitiu a estruturação de novas relações entre os países socialistas. As empresas mistas foram dissolvidas, e seu patrimônio foi entregue aos seus respectivos países do Leste. Ademais, o caminho iugoslavo foi reconhecido como legítimo, e as relações bilaterais foram restabelecidas. Contudo, o rearmamento da RFA e sua integração à OTAN reviveram velhos temores dos soviéticos, que reagiram criando, com Polônia, Alemanha Oriental, Tchecoslováquia, Hungria, Romênia, Bulgária e Albânia, a Organização do Tratado de Varsóvia (ou *Pacto de Varsóvia*, 1955), aliança militar contraposta à OTAN. A Albânia logo abandonaria o Pacto (DELMAS, 1981).

A desestalinização, por seu turno, criou um clima de incerteza política ao reconhecer o pluralismo de vias ao socialismo e ao solapar a legitimidade das lideranças das Democracias Populares do Leste Europeu, que em boa medida deviam seu poder a Stalin. Nas sociedades já industrializadas, como a RDA e a Tchecoslováquia, e nas ainda agrárias, como a Romênia e a Bulgária, as mudanças políticas ocorrem sem maiores problemas. Contudo, a Polônia e a Hungria estavam em plena industrialização e eram sociedades em mobilização e urbanização. Na Polônia, abraçando o nacionalismo, os comunistas evitaram a ruptura, mas na Hungria o PC e o Estado se desintegravam, e a revolta armada eclodiu, deflagrando a traumática intervenção soviética. A revolta antissocialista foi esmagada, com um saldo de 3,2 mil húngaros e 700 soviéticos mortos e 150 mil exilados. Ironicamente, o próprio

1. DE MOSCOU À BERLIM: O SOCIALISMO QUE VEIO DO FRIO (1917-1967)

Kádár, após reprimir os líderes do levante e consolidar o regime, promoveu reformas econômicas liberalizantes e ampliou o consumo individual (LEVÉSQUE, 1980, 175).

O desgaste político da intervenção na Hungria, contudo, foi compensado pela atitude da diplomacia soviética na crise de Suez. Após apoiar o neutralismo, Nasser viu os EUA retirarem a oferta de financiamento à barragem de Assuã. Necessitando de recursos para o desenvolvimento econômico e as reformas sociais que prometera ao miserável povo egípcio, Nasser nacionalizou o Canal de Suez em julho de 1956, e tropas francesas, inglesas e israelenses ocuparam o canal e a península do Sinai. Os soviéticos, assim como os EUA, exigiram a retirada dos invasores. A crise de Suez permitiu a Krushov aumentar a influência da URSS no mundo árabe.

O país se recuperara, no plano econômico e demográfico, do baque sofrido na Segunda Guerra, atingindo um relativo equilíbrio nuclear na Europa e ultrapassando os EUA na corrida espacial, ao lançar o primeiro satélite artificial (o Sputnik), em 1957, e colocar o primeiro homem em órbita pouco depois. As realizações tecnológico-militares não se restringiram à corrida espacial. A tecnologia de mísseis foi desenvolvida, inclusive no que se refere aos de alcance médio, como os antiaéreos que derrubaram o avião espião norte-americano U-2 sobre território soviético em 1962.

Moscou superara a fase em que a extrema vulnerabilidade do país obrigava Stalin a uma atitude apenas reativa e defensiva nas relações internacionais. Krushov implementou, ainda que com muitas deficiências, uma diplomacia realmente mundial, com programas de ajuda ao nacionalismo do Terceiro Mundo (embora modestos). A URSS agora se percebia como potência e, nos marcos da coexistência pacífica, se propunha a ultrapassar economicamente os EUA em pouco tempo. Essa política econômica era muito criticada. Diferentemente do que Stalin havia alertado, Krushov deu ênfase à indústria de bens de consumo, em detrimento da pesada, perdendo a capacidade de produzir bens de capital (máquinas) e de manter o crescimento econômico. Para os opositores, essa competição com os Estados Unidos e a Europa Ocidental era algo que a URSS não conseguiria ganhar e nem deveria ter empreendido.

Stalin apenas prometera a universalização dos serviços público-sociais, total ou parcialmente gratuitos, e cumpriu: pleno emprego, saúde, educação, transporte público, alojamento, emancipação da mulher, cultura e lazer. Já Krushov criou expectativas crescentes, prometendo mais consumo com menos esforço, e não tinha como cumprir, gerando frustração em relação ao sistema. Outro ponto interessante é que o russo necessita, mais do que outros povos, acreditar estar certo e no que está fazendo. Desde que Pedro, o Grande, disse que a Rússia era atrasada e deveria copiar a Europa (construiu São Petersburgo imitando Versalhes), o povo russo se sentia inferior. A Revolução devolveu o sentimento de que o país era o centro de uma nova verdade universal, por oposição ao "Ocidente capitalista decadente". Misturando religião e política, o povo sentia que Moscou voltava a ser a Terceira Roma (ou se tornava a Quarta, socialista, cf. CLARK, 2011). A ideia de construir um mundo novo, uma sociedade moderna e justa e a vitória na Segunda Guerra Mundial faziam o povo se sentir agente da História. Se os alojamentos eram ainda precários, o metrô construído nos anos 1930 era o mais bem decorado do mundo e dava sentido de grandeza (CHAUBIN, 2011; HETHERLEY, 2015). Quando Krushov acusou Stalin e passou a dar mais benefícios para uma elite que se cristalizaria, a fé dos soviéticos e dos comunistas de outros países começou a declinar. Suprema ironia, sob Stalin o socialismo tinha mais prestígio do que a partir de Krushov.

No plano diplomático, após o fracasso das conversações de Viena, ele endureceu a posição quanto ao problema de Berlim. Em resposta, o Kremlin resolveu atender à velha reivindicação da RDA de controlar a fronteira de Berlim Ocidental e, em 13 de agosto de 1961, foi fechada a fronteira pela milícia Grupos de Combate da Classe Operária e, logo se transformaria no muro de Berlim. A questão de Berlim chegava, no plano diplomático, a um desfecho de fato, já que a situação jurídica se encontrava num impasse.

1. DE MOSCOU À BERLIM: O SOCIALISMO QUE VEIO DO FRIO (1917-1967)

A Alemanha Oriental conseguiu, dessa forma, deter o êxodo de uma classe média especializada (desde o "milagre" alemão-ocidental), logrando desenvolver a economia e o consumo. Mas em termos de legitimidade, o muro foi uma solução contraproducente para a propaganda de Krushov e para o socialismo. Em seguida, os EUA desmascaravam seu blefe nuclear (o *Missile Gap*), descobrindo que a URSS não se encontrava em vantagem estratégica. Isso se somou à proclamação de Cuba como Estado socialista e ao bloqueio americano, para estimular a decisão soviética de instalar mísseis na ilha caribenha (1962). Descobertos antes da fase operacional, estes perderam parte da importância diplomática. Em face da violenta reação norte-americana, os soviéticos foram humilhados e retiraram os mísseis de Cuba, em troca do compromisso dos EUA de não invadir o país. Para completar, a já descrita ruptura com a China completou seu fracasso e levou à sua deposição (BOFFA, 1976).

2. APOGEU E ESTAGNAÇÃO
DO SOCIALISMO DESENVOLVIDO
(1968-1988)

Os vinte anos decorridos entre a fracassada liberalização da Primavera de Praga e as malsucedidas reformas da *Perestroika* de Gorbachev, marcaram o apogeu do desenvolvimento socioeconômico e diplomático-militar do socialismo soviético, mas também sua estagnação política interna. Apesar de perder o controle sobre o socialismo asiático, a URSS se tornava uma superpotência de fato, que buscava um equilíbrio estratégico com os EUA. Nos anos 1960 e 1970 a eclosão de diversas revoluções na África (Angola, Etiópia), no Oriente Médio (Iêmen do Sul, Afeganistão), no sudeste asiático (Vietnã), na região caribenha (Cuba) e centro-americana (Nicarágua), acabaram envolvendo a URSS. A projeção militar naval e aeroespacial estratégica (submarinos nucleares, mísseis, satélites e aviões) foi seguida pelo apoio econômico-diplomático e ajuda militar tática a regimes revolucionários no Sul Geopolítico. Além do equilíbrio global com os EUA, também era necessário não ser ultrapassado pela China nesta região.

Isto consumiu mais e mais recursos econômicos, numa fase em que a indústria ocidental ingressava na revolução científico--tecnológica e que a população soviética demandava cada vez mais consumo, enquanto caia na apatia política e no desinteresse ideológico. Como solução, tanto a URSS como o Leste Europeu buscavam, gradativamente, se conectar com a economia capitalista mundial, nos quadros da distensão política. Exportar petróleo e máquinas em troca de bens de consumo e licenças tecnológicas, tanto pela União Soviética quanto pelo Leste Europeu, produziu endividamento externo em moeda forte. Já nos anos 1970 a burocracia econômica "comunista" da Europa Oriental procurava reformas, inclusive inspiradas no nascente neoliberalismo, pois Moscou já não poderia mais auxiliar economicamente. E começava a Nova Guerra Fria, com acelerada corrida armamentista, e logo surgiu a figura de Gorbachev, com sua "miraculosa" *Perestroika*.

DINAMISMO EXTERNO E ESTAGNAÇÃO INTERNA: POLÍTICA, IDEOLOGIA E ECONOMIA

A ERA BREJNEV: PROJEÇÃO MUNDIAL E ESTAGNAÇÃO DOMÉSTICA (1964-1982)

A derrubada de Krushov e a ascensão de Brejnev representou a opção conservadora da burocracia estatal e partidária, que buscava estabilidade e privilégios. Em uma década a estabilidade se transformaria em estagnação política e crescimento econômico menos acelerado. Os altos funcionários, não mais perseguidos e, sim, eternizados no poder, formaram a casta corporativa e até mafiosa conhecida como *Nomenklatura*. Apesar disso, durante esse período, a URSS atingiria seu ápice como superpotência mundial, se aproximando de uma paridade estratégica com os EUA. Com a morte de Brejnev, Andropov tentou fazer reformas socialistas, que deveriam ser continuadas por Gorbachev. Mas os protestos que surgiram com a *Perestroika* não foram apenas causados por insatisfação popular face a limitados padrões de vida, mas sim pela abertura política, que alterou suas referências na avaliação deles.

Apesar de Brejnev haver coordenado as articulações para a remoção de seu protetor Krushov, com apoio do ideólogo Suslov, a iniciativa do golpe se encontrava na alta burocracia partidária e no aparato do Estado, cansados de suas periódicas reorganizações político-administrativas e dos fracassos. A nova política visava a estabilidade e ausência de conflito, qualidades que a burocracia via em Leonid Brejnev, que chefiaria o PCUS e as atividades políticas. Ele era natural da Ucrânia, onde nasceu em 1902.

2. APOGEU E ESTAGNAÇÃO DO SOCIALISMO DESENVOLVIDO (1968-1988)

O governo e a economia ficariam nas mãos de Aleksei Kosygin, tecnocrata competente e responsável pelo planejamento econômico, que não tinha ambições políticas. As reformas propostas pelo economista Liberman, concedendo mais autonomia às empresas, não tiveram êxito e, logo, Kosygin voltou à ênfase na centralização nos Planos Quinquenais. A diplomacia ficaria nas mãos do experiente Andrei Gromiko, que nela atuava desde a Segunda Guerra Mundial, enquanto o ortodoxo Mikhail Suslov seguiria no controle das questões ideológicas (HILL, R., 1988).

Brejnev, que buscava a estabilidade dos quadros e ausência de conflito, modificou apenas as políticas mais radicais de Krushov, ofereceu maior consumo à população sem aumento da carga de trabalho, em troca de acomodação política. Ao mesmo tempo incrementou a capacidade militar, a presença mundial e a ajuda ao Terceiro Mundo. A liberalização política e as reabilitações foram encerradas e houve um recrudescimento limitado e seletivo da repressão e da censura. Em 1968 surgiu a publicação clandestina *Samizdat*; em 1970 o escritor Alexander Soljenitzen ganhou o Prêmio Nobel de Literatura e em 1975 o cientista e dissidente ativista dos direitos humanos, Andrei, Sakharov recebeu o Prêmio Nobel da Paz. Isso ocorria quando, no espírito da *détente,* a URSS firmava, em 1975, o Acordo de Helsinki sobre Direitos Humanos, nos marcos da Conferência de Segurança e Cooperação Europeia. Tal iniciativa se revelaria contraproducente para o Kremilin, pois seria usada pelo Ocidente contra o regime soviético.

Os conceitos de liberalização de Krushov, todavia, não desapareceram com ele, pois ideias econômicas reformistas de mercado haviam sido disseminadas e re-legitimadas nos círculos acadêmicos soviéticos. Mas durante a era Brejnev as reformas eram limitadas e cuidadosas. Kosygin logrou aumentar a produção por uma década, mas as expectativas da população também cresciam. Em 1966 foi firmado um acordo com a Fiat italiana para a instalação de uma fábrica de automóveis na cidade de Togliatti, a Lada, inaugurando a era do automóvel como transporte individual na URSS. Curiosa ironia, pois a maior empresa capitalista da Itália se instalava na cidade que homenageava um líder histórico do comunismo italiano. Em 1971, Kosyguin defendeu a cooperação com a Europa Ocidental para conseguir cumprir um Plano Quinquenal que prometia maior consumo à população. Era o mesmo momento em que a Alemanha, com Willy Brandt, iniciava sua Östpolitik de cooperação com o bloco soviético. Tudo isso ensejava profundas mudanças econômicas e internacionais.

Paralelamente, outros fatores atuaram para reforçar a tendência à multipolarização das relações internacionais, que sustentava a *détente*. Na passagem da década de 1960 para a de 1970, o equilíbrio nuclear estratégico era atingido, pois a URSS também passou a produzir mísseis balísticos intercontinentais (ICBM), capazes de atingir o território norte-americano a partir de bases de lançamento em solo soviético ou de submarinos nucleares. As forças convencionais militares não foram negligenciadas neste processo, pois a modernização do exército soviético e do Pacto de Varsóvia fora acelerada. Além disso, a marinha ganhou particular atenção, e, em 1970, ocorreu o exercício global *Okean*. Nos anos 1960-1970, o Almirante Gorshkov (que não era membro do PCUS) fora encarregado de construir uma esquadra militar soviética para o Oceano Mundial. Só então a URSS se tornou, realmente, uma superpotência global (HIGHAM, in KAGAN, 2010).

Os sucessores de Krushov retiraram da crise dos mísseis em Cuba e de Berlim a lição de que, para enfrentar os Estados Unidos em uma posição de igualdade, a paridade militar necessitava ser alcançada. Ainda, a emergência do Terceiro Mundo como força política no cenário mundial consolidava-se, expressando-se por meio do crescentemente influente Movimento dos Países Não Alinhados e da ONU, que abandonava paulatinamente o papel de suporte da política dos EUA. A presença dos jovens Estados transformava a correlação de forças dentro da Organização, ao mesmo tempo em que incrementava a atuação de seus organismos especializados na área socioeconômica, cultural e sanitária, de vital importância para o Terceiro Mundo. A ONU adquiria uma dimensão realmente planetária.

O grande *boom* econômico da Comunidade Econômica Europeia (CEE) – cuja força motriz era a RFA – e do Japão fazia emer-

2. APOGEU E ESTAGNAÇÃO DO SOCIALISMO DESENVOLVIDO (1968-1988)

gir novos polos capitalistas cuja ascensão era facilitada por seus limitados gastos militares. Esses aliados dos EUA não tardariam a mover-lhe uma bem-sucedida concorrência comercial, financeira e tecnológica. Também no plano político, o "bloco" americano começaria a apresentar fissuras. A distensão internacional não tardaria a estimular o nacionalismo francês, que se opunha às pressões americanas na CEE e às relações privilegiadas de Washington com a Alemanha Ocidental e a Grã-Bretanha. Assim, em 1966, De Gaulle retirou a França da OTAN, em um gesto sem precedentes, e visitou Moscou para estreitar relações.

Mas a situação não era melhor no "bloco" soviético. Em 1961, efetivava-se a ruptura com a Albânia e, em 1963, com a RP da China. A aproximação albanesa com a China deixou a URSS sem acesso ao Mar Mediterrâneo, modificando os objetivos do Pacto de Varsóvia fixados por Krushov. O Pacto passou a ser uma ferramenta para evitar a deserção dos membros do bloco, e o novo comandante, Andrei Grechko (desde 1960), tentou desnacionalizar as forças armadas dos países aliados. O resultado foi o afastamento militar parcial da Romênia em relação ao Pacto (DALLIN e LARSON, 1968).

A China, poucos dias após a destituição de Krushov, explodiu sua primeira bomba atômica, aumentando suas pretensões políticas. A política externa chinesa privilegiara até então a segurança do país, sendo indispensável a aliança com a URSS, mas, a partir deste momento, a ênfase passou a ser a independência e a autonomia. Os problemas econômicos e as lutas pelo poder dentro do PCCh levaram o país a exacerbar o nacionalismo e a opor-se com mais intensidade à URSS, com fins de legitimação interna. O desdobramento dessa política levou a China ao caos da Revolução Cultural e ao isolamento diplomático do país, bem como à perda de influência no movimento comunista. Em 1965, um golpe direitista liderado pelo General Suharto, na Indonésia, esmagou o influente PC local (um milhão de militantes comunistas foram mortos, a maioria de etnia chinesa), eliminando o último grande aliado de Pequim.

A Romênia, por seu turno, recusara os planos do COMECON para o estabelecimento de uma divisão internacional da produção entre países socialistas. A ideia, proposta por Krushov para contrabalançar as tendências centrífugas do campo socialista, condenaria a Romênia a um modesto nível de industrialização. As questões econômicas serviram para aglutinar a rebeldia dos comunistas romenos, que adotaram uma diplomacia autônoma frente à Moscou, estabelecendo relações com a Alemanha Ocidental, Israel e China, além de cooperação econômica com o Ocidente. Mas, para manter sua independência, o regime de Ceausescu endureceu mais ainda. A recuperação parcial das posições soviéticas em seu campo, por Brejnev, baseava-se mais em compromissos do que em uma liderança inconteste, como na época de Stalin.

Em 1967-68, o PC tchecoslovaco iniciou o processo de liberalização política e de descentralização econômica, conhecido como *Primavera de Praga*. Embora não se tratasse de um movimento explicitamente antissocialista, como o da Hungria em 1956, envolvia consideráveis riscos para os soviéticos e alemães-orientais, pois a Tchecoslováquia fazia parte do "triângulo de ferro" do Pacto de Varsóvia (com RDA e Polônia). Além disso, a URSS se encontrava envolvida em conflitos fronteiriços com a China e enfrentava a rebeldia romena. Paralelamente, os EUA haviam enunciado a política de tratamento diferenciado para países socialistas mais autônomos – como forma de desgastar a unidade do Leste Europeu –, que poderia iniciar com a anexação da RDA pela RFA, em troca do reconhecimento das fronteiras pós-guerra. Finalmente, havia o firme apoio da RFA e do Ocidente à liberalização tcheca. Assim, as tropas do Pacto de Varsóvia entraram no país, em agosto de 1968, sem encontrar resistência armada (TIGRID, 1970). Para justificar a intervenção, Brejnev formulou a Doutrina da Soberania Limitada dos Países Socialistas, que não poderiam adotar medidas externas ou internas que ameaçassem os demais. O reformista Alexander Dubcek foi substituído por Gustav Husak, que melhorou o nível de vida da população em troca de acomodação política.

2. APOGEU E ESTAGNAÇÃO DO SOCIALISMO DESENVOLVIDO (1968-1988)

O fim da Primavera de Praga, todavia, conduziu à normalização diplomática da Europa Central e ao aprofundamento da *détente*. Em 1969, os social-democratas chegavam ao poder na RFA, e Willy Brandt lançava sua Östpolitik, estimulando a cooperação da CEE com o Leste Europeu. Sem esperanças de derrubar os regimes da Europa Oriental, o Ocidente negociou a normalização política. Entre 1970 e 1972, foram assinados diversos tratados envolvendo o reconhecimento diplomático e de fronteiras entre RFA, RDA, URSS, Polônia e Tchecoslováquia. Em 1973, as duas Alemanhas ingressavam na ONU. Na esteira destes acontecimentos, a redução considerável da tensão entre os dois blocos refletia a conjuntura internacional: a relativa igualdade militar era atingida; crescia a consciência sobre as armas de destruição em massa, além da vontade norte-americana de desacelerar o conflito do Vietnã.

AS REVOLUÇÕES NO SUL ATRAEM O URSO PARA FORA DA TOCA (ANOS 1970-1980)

A União Soviética sempre enfrentou um dilema estrutural: se tornara uma nação poderosa porque fizera uma revolução modernizadora, mas tal situação gerava reação do sistema mundial, que permanecia capitalista. Na década posterior ao fim da Segunda Guerra Mundial, a descolonização, o nacionalismo e as revoluções transformavam o Terceiro Mundo, que se tornou uma novo espaço de disputa estratégica da Guerra Fria. Moscou e Washington respeitavam reciprocamente as áreas de influência já demarcadas, mas a evolução política gerava focos de tensão em regiões novas, "não demarcadas". Embora respondessem através de aliados e grupos *proxy* (por procuração, "testas de ferro"), a resposta do Kremlin seria ambígua, pois não poderia ignorar as novas revoluções, por mais problemas que criassem. Como manter seu prestígio junto ao Terceiro Mundo, sem perder terreno para a China nem criar maiores tensões com os Estados Unidos?

Nos anos 1950 e 1960 a URSS jogou, sem um projeto estratégico bem definido, a favor do nacionalismo emergente, mas foi ultrapassada pelos acontecimentos. A Revolução Cubana de 1959 introduziu Moscou no hemisfério ocidental, o que gerou problemas com os EUA, inclusive porque Fidel Castro não se subordinava ao padrinho socialista. Krushov lidou mal com o problema, descontentando tanto Havana como Washington e, mesmo, a cúpula soviética. Mas Cuba ficou isolada das Américas (onde apoiou desastradas guerrilhas), esfriou suas relações com a URSS, buscou atuar na África e se uniu ao Movimento dos Países Não Alinhados. Não houve outras revoluções relevantes nos anos 1960 e a questão permaneceu em compasso de espera por uma década. De relevante, a Guerra dos Seis Dias de Israel contra o Egito e a Síria levou à ruptura de Moscou com Tel Aviv e a aproximação com os regimes do Baas no Iraque e na Síria, bem como com a Líbia de Kadafi, e uma aliança antichinesa com a Índia capitalista (mas neutralista).

A aliança sino-americana de 1971, sem dúvida, alterou o equilíbrio estratégico eurasiano e mundial. No lugar de uma confrontação bipolar regulada, em que os demais países desempenhavam um papel limitado, surgiu um cenário no qual uma terceira potência, a China, já era capaz de alterar o jogo internacional na Ásia, tornado mais complexo. A nova correlação internacional de forças então criada gerou um desequilíbrio estratégico, claramente desfavorável a Moscou, que foi obrigada a militarizar a extensa fronteira da Sibéria, da Mongólia e da Ásia Central a um enorme custo. Frente a esse quadro, os soviéticos tiveram de apoiar movimentos revolucionários, anti-imperialistas e nacionalistas do Terceiro Mundo. Isto porque a liderança cautelosa de Brejnev foi desmoralizada perante os militares, com a derrubada de Allende no Chile em 1973 pondo fim à noção de transição pacífica ao socialismo.

Além da ajuda direta, sempre problemática, os soviéticos passaram a desenvolver sua política em relação a esses movimentos através de Cuba, da qual o Kremlin se reaproximou em 1973. Mas Castro atuava de forma independente, criando situações que envolviam Moscou. O caso mais notável foi o apoio de Cuba ao MPLA de Angola, após a Revolução dos Cravos em Portugal

2. APOGEU E ESTAGNAÇÃO DO SOCIALISMO DESENVOLVIDO (1968-1988)

(1974) abrir caminho para a independência. Em 1975 Cuba enviou assessores e, depois, tropas de combate, deixando a URSS em situação de ter que auxiliar com armas, assessores e logística, porque os sul-africanos invadiram Angola em apoio a facções pró--ocidentais (UNITA e FNLA). Sob Brejnev, a URSS havia atingido uma relativa paridade estratégica com os EUA (mísseis intercontinentais, alianças no Terceiro Mundo, uma marinha de alcance mundial), a qual se viu gradativamente ameaçada pela aliança sino-americana. Tentando retomar o *status quo ante*, Moscou passa a acolher esses processos de ruptura na periferia terceiro-mundista e a estabelecer com os novos regimes uma série de pontos de apoio, às costas de seus adversários norte-americanos e chineses.

A partir de 1973 houve uma série de conflitos e revoluções que alteraram a situação mundial. Ocorreram a Guerra do Yom Kippur (em que os soviéticos ajudaram o Egito, que depois os expulsou) e, um ano depois, a revolução etíope e a queda do salazarismo, que preparou as independências das ex-colônias portuguesas, em particular Angola e Moçambique, com regimes marxistas. O Chifre da África e a região austral do continente se tornaram palco de guerras convencionais com o envolvimento de grandes potências. Moscou vacilou, mas os cubanos criaram fatos consumados que não deixaram aos soviéticos alternativa que não o envio de assessores e armas modernas em grande quantidade. O mesmo cenário viria se configurar no sudeste asiático (Vietnã *versus* China e Camboja/Kampuchea), no Iêmen do Sul, na Nicarágua e, enfim, no Afeganistão.

O surgimento desses regimes de orientação socialista fez a URSS se envolver em regiões distantes e a colocou numa inédita situação de poder, mas também de dificuldades estratégicas e econômicas. As Revoluções eclodiam pelo Terceiro Mundo e Moscou não estava preparada para lidar com elas, e o paradigma de sua política internacional vivia um impasse. E não se tratava apenas de lidar com revoluções, mas do apoio a regimes como os da Síria, Iraque, Líbia e movimentos de libertação nacional africanos, especialmente na luta contra o *Apartheid*. Em seu conjunto, os novos regimes, apoiados pelo Kremlin, a derrota militar americana no Vietnã e a crise econômica mundial afetavam o equilíbrio global e criavam forte apreensão no Ocidente. Moscou estaria preparada para lidar com a situação e com a reação que ela implicava?

Com a saída de Richard Nixon, após o escândalo de Watergate, em 1974, o governo posterior parecia seguir uma linha de continuidade. Contudo, na metade de 1975, o governo Ford alterava a posição, baseado no aumento do ativismo Democrata no Congresso, na derrota de seus aliados na Indochina, além da crise em Angola. Em 1977, Jimmy Carter assume a presidência deixando Brejnev com certa esperança de que a estabilidade seria atingida, apesar da retórica euro-americana baseada nos direitos humanos. Assim que Carter assumiu, Brejnev proferiu um discurso em que afirmava ser impossível atingir superioridade militar, dado que a vitória em uma guerra nuclear não existia, visando a uma acomodação com a nova administração norte-americana. Entretanto, a relação entre as duas potências só se deteriorou.

CONQUISTAS E PROBLEMAS LEGADOS POR BREJNEV

No plano interno, a URSS tinha uma economia cujo crescimento desacelerava desde 1975, ficando atrás da Europa Ocidental. Em 1974 fora iniciada a construção da ferrovia Baikal-Amur, uma obra gigantesca ao norte e paralela à Transiberiana, mas no início da década de 1980 os equipamentos e máquinas estavam desatualizados nas indústrias pesadas. Apesar dessas dificuldades, os padrões de vida continuaram a melhorar durante a era Brejnev, ainda que de forma menos acelerada, influenciando no consumo das famílias. Em 1980, cerca de 86% das famílias possuíam refrigeradores e 85% possuíam televisores. Os soviéticos desconheciam o desemprego, e a criminalidade era incipiente, ao contrário dos países capitalistas. Para muitos deles, o estilo de vida soviético, apesar de mais modesto, era moral e culturalmente superior ao ocidental (MATTHEWS, 1977).

2. APOGEU E ESTAGNAÇÃO DO SOCIALISMO DESENVOLVIDO (1968-1988)

A sociedade deixada por Brejnev seguia as tendências do legado de Krushov. A urbanização cresceu para 64%, em 1982, e a educação era superior à de várias potências ocidentais . Enquanto, em 1959, o percentual de trabalhadores com ensino médio era de 15,8%, em 1984, subiu para 58,5%. No quadro de tal evolução, Brejnev não soube criar mecanismos para lidar com os povos não russos, que se modernizavam e tinham de participar mais da gestão federal. Funções relevantes ainda eram ocupadas primordialmente por russos. Essas minorias, cuja população aumentava mais rapidamente, agora eram mais bem educadas e urbanizadas e não estavam dispostas a acatar um papel coadjuvante. Depois do rápido crescimento econômico e melhoria de vida no pós--guerra, desejavam novas conquistas.

Nos anos 1980, a URSS era responsável por 20% da produção industrial do mundo (contra 4% em 1917) e era a primeira em produção de petróleo, gás, metais ferrosos, tratores, concreto armado, lanifícios e produtos como beterraba açucareira e outros. Sua produção química, de eletricidade, maquinário, cimento e algodão só perdiam para os EUA, e a produtividade industrial aumentou de 4,7% em 1960-65 para 5,8% em 1965-70 e para 6% em 1970-1975. Todavia, o padrão de crescimento baseado nos investimentos em recursos naturais e na indústria pesada, inaugurada por Stalin, havia atingido o limite.

Havia problemas objetivos, tais como a) redução de recursos naturais facilmente exploráveis, b) o impacto demográfico das perdas na Segunda Guerra Mundial, que reduziram o acesso à mão de obra abundante, e c) o desafio de adotar a tecnologia computadorizada (o fornecimento ocidental de *chips* era seletivo e, muitas vezes, defeituoso ou defasado). Também ocorreram problemas subjetivos: a) o desvio de investimentos de bens de capital para os de consumo (reduzindo o crescimento), b) o nivelamento de salários e c) a precária atenção à planificação e incentivos nos anos finais de Brejnev. Com a dificuldade em atender à crescente demanda por bens de consumo e o aumento da corrupção, crescia o mercado negro e a economia paralela.

Além disso, ele

> Queria, acima de tudo, 'paz e tranquilidade, serenidade e ausência de conflito'. Substituindo a política de rotação de quadros por uma de 'estabilidade de quadros', Brejnev resistiu mesmo a mudanças de pessoal. Muitos dos que integravam a direção eram de idade avançada. O próprio Brejnev ficou debilitado por problemas de saúde. Em 1976, sofreu uma trombose e, [até] sua morte em 1982, teve vários ataques cardíacos e tromboses. Nos últimos cinco anos de sua vida, estava tão doente e debilitado que não desempenhou qualquer papel ativo na vida do Estado ou do Partido. Nos últimos anos [ele] não conseguia falar sem um texto escrito e sem enrolar as palavras (Keeran & Kenny, 2008, p. 48).

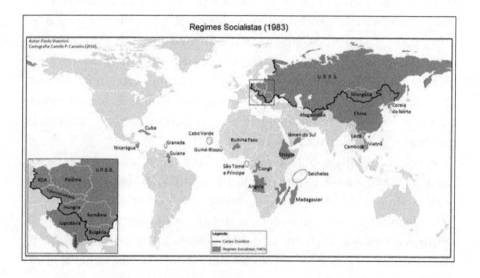

Por que tal situação perdurou? "Não se envolvam em política que garantirei o bem-estar sem trabalho adicional" parece ter sido a máxima do conservadorismo brejneviano. Mais ainda, a falta de rotação de quadros gerou uma camada nepotista que se cristalizou, e que se esforçava por manter a situação inalterada. Por trás da inatividade do líder, havia um "sistema Brejnev" que

2. APOGEU E ESTAGNAÇÃO DO SOCIALISMO DESENVOLVIDO (1968-1988)

se corrompia e aprofundava, gerando privilégios que incomodavam a população e produziam um clima de paralisia. Em meados da década de 1970 a estabilidade deu lugar à estagnação, com a elite burocrática securitizada e isolada se tornando envelhecida, incapaz e corrupta (a "Máfia de Dniepropetrovsk", a região de Brejnev na Ucrânia). Segundo os mesmos autores,

> A Segunda Guerra Mundial privara o Partido de milhões de militantes de base dedicados que morreram na frente [de combate], defendendo o socialismo e a pátria. Kruschov enfraqueceu mais o Partido ao franquear a porta a milhões de não operários e ao afrouxar os critérios [de ingresso]. A Doutrina Brejnev da 'estabilidade dos quadros' transformou os quadros partidários em sinecuras, manteve dirigentes do Partido muito para além do seu tempo, privou-o de sangue novo e de novas ideias. Além disso, à medida que a segunda economia crescia, ela envolvia e corrompia elementos do Partido a um ritmo crescente" (Ibid, p. 98).

A decisão de intervir no Afeganistão em dezembro de 1979, para salvar o regime comunista ali implantado em abril de 1978 e conter os impactos da Revolução Iraniana de fevereiro de 1979, teve um preço elevado. Em janeiro de 1980 o Ocidente reagiu estabelecendo um embargo econômico à URSS e boicotou os Jogos Olímpicos de Moscou em julho do mesmo ano (lembrados pelo simpático e famoso ursinho Misha). No mês seguinte surgiu o Sindicato Solidariedade na Polônia em crise, que levou à proclamação da Lei Marcial em janeiro de 1981, a qual baniu o Solidariedade. Com o Partido desmoralizado e incapaz, os militares haviam assumido o poder, para evitar que a situação conduzisse a uma intervenção soviética. E, desde 1978, o Vaticano estava sob o comando do Papa João Paulo II, um polonês ferrenhamente anticomunista. Para completar, no início de 1981 Reagan autorizou o projeto da bomba de nêutrons.

POR QUE O SOCIALISMO RUIU?

CRISE E NOVA GUERRA FRIA: TECNOLOGIA, POLÔNIA, AFEGANIS-TÃO E MÍSSEIS

O INTERREGNO ANDROPOV (1982-84) E CHERNENKO (1984-1985)

Brejnev, ainda que colocando a URSS finalmente numa verdadeira posição mundial de superpotência, propiciou o aumento e a tolerância da economia paralela e da corrupção que a acompanhava. Ele prometera a melhoria do padrão de consumo, em troca da acomodação política, que amorteceu o dinamismo do Partido. Neste contexto, a morte de Brejnev, em dezembro de 1982, levou Iuri Andropov à liderança da URSS, passando a frente de outros mais antigos. O novo líder era russo (região de Stavropol, norte do Cáucaso), nascido em 1914, e em 1956 era Embaixador na Hungria, tendo sido um dos articuladores da intervenção soviética e da "normalização" do país. Dirigia a KGB desde 1967, conhecendo bem os problemas da URSS. Era reformista e tinha visões diferentes daquelas de Brejnev, e do posterior Gorbachev, inspirando confiança nos comunistas mais comprometidos, que desejavam uma renovação do sistema socialista. Dentre as várias reformas propostas por Andropov, a principal era a moralização da vida política e a melhoria da eficiência econômica. Segundo ele, a planificação deficiente e antiquada, a defasagem tecnológica, a dependência aos métodos de produção extensivos ao invés de intensivos e a falta de disciplina laboral eram as causas do declínio econômico (MEDVEDEV, 1983).

Era um homem firme e hábil, mas também tranquilo, eloquente, controlado, sincero, cosmopolita (lia inglês e outros idiomas e conhecia bem os países socialistas). Levava uma vida modesta, tinha compulsão pelo trabalho e seus hábitos e comportamento inspiravam confiança na população, mas sua saúde era precária, com problemas renais. Diferentemente de Gorbachev, detestava a improvisação e considerava que o socialismo necessitava de reformas profundas e urgentes. Reconhecia as deficiências dos serviços e da oferta de bens e defendia uma ética do trabalho para superar a situação. Sobre isso, Andropov

2. APOGEU E ESTAGNAÇÃO DO SOCIALISMO DESENVOLVIDO (1968-1988)

sublinhou que os padrões de vida não se reduziam à simples competição com o Ocidente por maiores salários e objetos materiais. Ao invés [disso], os padrões de vida socialistas significavam muito mais: 'o crescimento do nível de consciência e cultura, consumo razoável, uma dieta racional', serviços públicos de qualidade e 'um uso moral e esteticamente adequado do tempo livre' (Ibid, p.57)

A posição de líder da KGB dava a Andropov um conhecimento das causas profundas dos problemas do país, que a sociedade apenas sentia. Em 1982, a KGB iniciou uma luta intensa contra a corrupção, que foi atingindo figuras cada vez em posição mais elevada, especialmente os familiares e amigos de Brejnev. Esta ação foi abandonada por Gorbachev em 1987, quando atingiu membros da própria cúpula do Partido e do Estado[4]. O historiador Eric Hobsbawm citou um ex-diretor da CIA, que disse "acreditar que se [o líder soviético Iuri] Andropov fosse quinze anos mais jovem quando tomou o poder, em 1982, existiria ainda a União Soviética". A esse respeito, Hobsbawm comentou: "Não me agrada concordar com chefias da CIA, mas isto me parece inteiramente plausível".[5]

Andropov defendeu a aceleração do progresso técnico-científico e a adoção de melhores métodos de gestão e disciplina do trabalho, ligada a incentivos. Ele sabia, pela experiência de Kádár e Krushov, que a descentralização geralmente conduzia ao localismo, ao privilégio e à desigualdade. Com a Operação Arrastão, desencadeada em 1983, ele conseguiu bons resultados e prestígio popular, combatendo o absenteísmo, o alcoolismo, o trabalho paralelo e a ineficiência, em visitas pessoais de surpresa aos locais de trabalho e razias da polícia a lojas, bares e saunas na hora de trabalho. O clima de desalento deu lugar a um movimento político por reformas e a um novo ânimo, e o desempenho econômico

---

[4] DUHAMEL, Luc. *The KGB campaign against corruption in Moscow*, 1982-1987. Pittsburg: University of Pittsburg Press, 2010.
[5] HOBSBAWM, Eric. *On history*. New York: The New Press, 1997, p. 243.

POR QUE O SOCIALISMO RUIU?

melhorou sensivelmente. Mas os problemas mundiais se agravavam e uma ofensiva econômica contra a URSS estava em marcha.

No plano internacional, apesar de apoiar a coexistência pacífica, Andropov se opunha às concessões unilaterais e fazia valer a "solidariedade socialista" internacional (dias depois de se tornar secretário geral, declarou apoio ao Afeganistão). Apesar de tentar melhorar a relação com os Estados Unidos, a Nova Guerra Fria deteriorou de vez a relação entre os dois países, especialmente com Reagan e seu conceito de "Império do Mal". Andropov conseguiu discutir com os Estados Unidos e defender a URSS em um nível que não se via há anos, e se manteve aberto para abrir um diálogo com Washington. Contudo, em setembro de 1983, um avião de caça soviético abateu um avião civil sul-coreano que penetrou em zona de alta segurança soviética (considerado provocação planejada), e Reagan respondeu com uma escalada retórica, que encerrou o diálogo.

Na Europa também havia uma crescente corrida armamentista, pois os EUA estavam instalando uma nova geração de "mísseis inteligentes", os Pershing e Cruise, além do alardeado projeto Guerra nas Estrelas (Iniciativa de Defesa Estratégica). Eram satélites que poderiam, supostamente, destruir os mísseis soviéticos logo que fossem lançados. Desta forma, seria suplantada a Destruição Mutuamente Assegurada (MAD, em inglês), que coibia o primeiro ataque porque haveria tempo de resposta da outra parte. Em novembro de 1983 a OTAN realizou manobras inéditas na Alemanha Ocidental (*Able Archer*), treinando para rechaçar um eventual ataque do Pacto de Varsóvia. Por seu realismo, armamento e efetivos empregados, ela foi interpretada como a preparação de uma guerra nuclear limitada (cuja possibilidade havia sido aventada por Reagan). Alarmada, a aviação estratégica soviética foi preparada para responder, por ordem do Marechal Kutakhov e, como se sabe hoje, houve real possibilidade de confronto. A partir daí cresceram os movimentos pacifistas na Europa.

Outro grave problema enfrentado pela envelhecida liderança soviética era a crise polonesa, país estratégico militarmente para a defesa da URSS e que tinha uma oposição forte, com base na

90

2. APOGEU E ESTAGNAÇÃO DO SOCIALISMO DESENVOLVIDO (1968-1988)

Igreja Católica. O insucesso econômico do regime, sua fragilidade política e a oposição católica obrigou-o a aceitar a propriedade privada da terra (80%) e teve de reprimir violentamente manifestações de operários em 1956, 1968, 1970, 1976 e 1980 (sem participação soviética). A Igreja tinha 20 mil padres e 28 mil freiras (mais do que antes da guerra), uma Academia Eclesiástica, uma Universidade Católica (Lublin), gráficas, editoras, jornais e emissoras de rádio e televisão, nas quais o governo não podia interferir, segundo acordo firmado. Assim, havia uma oposição real e legal, único caso no Leste, com fortes conexões internacionais. Em outubro de 1978 o Arcebispo de Cracóvia, Karol Wojtyla (João Paulo II, de 58 anos) foi nomeado o primeiro Papa não italiano em 455 anos, após breves 33 dias de pontificado de João Paulo I, que morreu em circunstâncias não apuradas publicamente. De comum os dois só tinham o nome, pois o falecido pregava um enfoque social e investigava corrupção financeira no banco do Vaticano; já o sucessor era um anticomunista ferrenho, que estabeleceu cooperação com Washington visando retirar do poder os acossados regimes socialistas do Leste Europeu. Em junho de 1979 fez uma visita ao país natal em crise, de forte impacto político.

A montagem de uma industrialização megalomaníaca com capital e tecnologia ocidentais, visando exportar bens de capital para poder importar bens de consumo foi um fracasso, pois a produtividade do trabalho era baixa. Além disso, houve a crise do petróleo e da dívida externa, e os Tigres Asiáticos dominaram o mercado desses produtos a baixo custo. Em 1977 eclodiu a crise econômica e houve hiperinflação e iniciou-se nova onda de protestos e greves, e a tentativa de aumentar os preços levou à queda de Gierek em 1980. A URSS estava inquieta e não tinha como enviar mais ajuda econômica, temendo-se que viesse a intervir militarmente no país. O Sindicato Solidariedade congregou quase 80% dos operários e um terço do Partido Operário Unificado da República Popular da Polônia (comunista) aderiu a ele, aprofundando a crise política. Com a tensão atingindo o nível de ruptura, o General Jaruzelski assumiu o governo em outubro de 1981 e, em dezembro, decretou a Lei Marcial, pois o exército tinha mais respaldo popular que o Partido e evitaria a intervenção soviética.

Paralelamente, a situação do distante Afeganistão viria a se tornar um problema ainda maior. O país, islâmico e monárquico, foi o primeiro Estado a reconhecer o regime soviético (1919), devido à ameaça inglesa. Ele adotou uma política de neutralidade internacional, recebendo auxílio de Moscou. Todavia, a proclamação da república, em 1973, gerou incerteza na posição do país, e a perseguição do governo ao pequeno Partido Democrático do Povo Afegão (marxista), produziu um improvisado golpe de Estado de militares simpatizantes em abril de 1978. A reação dos chefes tribais às reformas sociais, como emancipação de mulheres e jovens, educação laica universal e reforma agrária, encontrou apoio nas ambições geopolíticas do Paquistão (pró-americano e islamizado). A Revolução islâmica no Irã, em fevereiro de 1979, tornou a situação mais tensa, pois o proselitismo do Aiatolá Khomeini e a guerrilha afegã constituíam uma ameaça para as repúblicas soviéticas da Ásia central, de população muçulmana (GUPTA, 1987).

O regime afegão tinha base urbana, em um país montanhoso, primitivo, tribal, multiétnico e esmagadoramente agropastoril. Estava dividido entre uma facção gradualista (grupo Parcham) e outra favorável à passagem imediata ao socialismo (Khalk). A guerrilha passou a receber armas, dinheiro e voluntários islâmicos, e o regime se encontrava em graves dificuldades, com a emergência de Amin, um líder errático e radical. A decisão soviética de intervir militarmente em uma região externa ao mundo comunista foi penosa. Como as atas das reuniões foram disponibilizadas após a queda da URSS, sabe-se que militares e civis buscavam a opção menos negativa, não havendo "pombas e falcões", e a decisão foi por minúscula margem. Logo após o Natal os soviéticos entraram no país, entregando o poder ao moderado Karmal, do Parcham. A guerrilha se tornaria uma longa e custosa guerra para Moscou. Era a primeira vez que a URSS intervinha militarmente fora do Pacto de Varsóvia. O fim da distensão dava lugar a uma Nova Guerra Fria (DORRONSORO, 2005).

2. APOGEU E ESTAGNAÇÃO DO SOCIALISMO DESENVOLVIDO (1968-1988)

Ela não era apenas militar, mas também econômica. A OPEP (Organização dos Países Exportadores de Petróleo), em 1983, sob a pressão americana, obteve a redução do preço do petróleo de US$ 34 para US$ 12 o barril (bastou que a Arábia Saudita quintuplicasse sua produção). Em cinco meses apenas, US$ 10 bilhões em divisas anuais desapareciam para a URSS, um total de 50% dos rendimentos externos nacionais. Em 1982, Reagan assinara a diretiva de segurança nacional NSDD-66, que representava uma declaração de guerra econômica à URSS, acompanhada pelo embargo de equipamentos para a exploração de petróleo e gás, bem como pressão sobre os europeus para que também adotassem o embargo. A situação diplomática e militar, por sua vez, se radicalizava na Polônia, Afeganistão, Camboja, Nicarágua e África Austral e Oriental.

Depois de 15 meses de governo, Andropov morreu em fevereiro de 1984 por problemas de saúde, dando espaço para a velha guarda eleger Konstantin Chernenko, já idoso (siberiano de Krasnoyarsk, nascido em 1911) e sem grande capacidade de ação. Tratava-se de um mandato tampão para respeitar a ritualística do Partido e preparar um novo líder, mas, apesar da postura pró--socialista de Chernenko, a maioria das iniciativas do líder seguiu por inércia. Ele era um socialista da velha guarda e reabilitou o stalinista Molotov, de 94 anos, que foi readmitido no Partido. O idoso e doente dirigente morreu em março de 1985, sendo sucedido por um elemento do grupo Andropov, o jovem Mikhail Gorbachev, de 54 anos.

GORBACHEV: *PERESTROIKA*, GLASNOST E NOVO PENSAMENTO DIPLOMÁTICO

Ao longo da era Brejnev, a crescente presença mundial da URSS e a melhoria do nível de consumo da população haviam exigido um esforço ainda maior da economia soviética. Na segunda metade dos anos 1970, o *crescimento extensivo* alcançava seu limite, com os recursos facilmente exploráveis se esgotando e as novas reservas (em regiões inóspitas e distantes) requeriam enormes investimentos. Além disso, a pirâmide demográfica sofria as consequências da Guerra Mundial, pois faltavam os que deveriam ter nascido naquela época. Havia também estagnação da população eslava, devido à redução de nascimentos, enquanto a população das repúblicas muçulmanas crescia rapidamente.

Logo em seguida tinha início a Nova Guerra Fria e aprofundava-se revolução científico-tecnológica e a reestruturação das economias capitalistas avançadas, com as quais a União Soviética estabelecera vínculos importantes. E à crise polonesa somou-se o custo dos conflitos regionais, como os do Afeganistão, Kampuchea (Camboja), América Central, África Austral e Chifre da África. Além disso a ajuda à Cuba, Vietnã e Coreia do Norte consumiam recursos significativos. A corrida armamentista e os embargos comerciais e tecnológicos também atingiram duramente a URSS. A envelhecida liderança do grupo Brejnev (uma autêntica gerontocracia) carecia do necessário dinamismo para responder aos novos desafios externos e à desaceleração do crescimento econômico, pois era marcada pela estagnação político-ideológica interna. A dupla moral, introduzida por Krushov, se tornara uma prática cotidiana com Brejnev.

As reformas de Iuri Andropov não tiveram tempo de frutificar, e o interregno Chernenko (apenas um ano de governo) também foi curto e sem dinamismo. Ele faleceu na noite de 10 de março de 1985 e, poucas horas após (ainda no mesmo dia), houve uma reunião do Politburo para eleger o sucessor. Normalmente havia dois ou três dias de luto, que conferiam tempo para que o órgão, composto por dez membros, se reunisse para tomar a decisão. Ocorre que naquela noite três dirigentes opostos à Gorbachev estavam ausentes (Vorotnikov estava na Iugoslávia, Kunaev no Cazaquistão e Scherbitsky nos EUA). Assim, com o voto do próprio Gorbachev, uma minoria de 4 em 10 se converteu em uma maioria de 4 a 3, algo que pode ser considerado um Golpe através de procedimento, mesmo no sistema soviético. Tanto foi assim que no dia seguinte a imprensa oficial deu amplo destaque à sua eleição na primeira página, enquanto o anúncio da morte foi

2. APOGEU E ESTAGNAÇÃO DO SOCIALISMO DESENVOLVIDO (1968-1988)

tratado na segunda, de forma limitada. Presume-se que o preterido era o veterano bielorrusso Andrei Gromyko (74 anos), diplomata desde 1939, Embaixador nos EUA em 1943 e chefe da diplomacia soviética desde 1957 (SINGH, 2008, 18). Ele foi elevado ao *petit comité* decisório por Andropov e Chernenko e, depois, perseguido por Gorbachev.

Mikhail Gorbachev nasceu em 1931 na mesma região de Andropov (Stavropol, norte do Cáucaso), e era um dos seus *protegés*. Sua esposa Raísa era extremamente elegante e culta (Doutora em Filosofia). Ele formou-se em Direito e estudou agricultura, mas boa parte do tempo liderou seu *Oblast* (província) rural, onde estavam os balneários (como Sochi) nos quais a elite moscovita e soviética passava as férias. Simpático, bom anfitrião e comunicativo, ali estabeleceu importantes relações mais por via social do que política, embora em Moscou (desde 1971) fosse dinâmico e ousadamente ambicioso. Andropov deu-lhe posições na economia e Chernenko ampliou-as para questões partidárias, ideológicas e de política externa. Pouco sabia sobre os povos não russos da URSS e sobre o Leste Europeu, tendo viajado mais para a Europa Ocidental e Canadá, no qual seu amigo e guru liberal, Alexander Yakovlev, foi embaixador por uma década. Em 1983 ele o nomeou Diretor do poderoso Instituto de Economia Mundial e Relações Internacionais (IMEMO) e, depois, entregou para o seu grupo a mídia e os arquivos estatais, inesgotável fonte de poder contra seus adversários.

Ele assumiu o poder no Kremlin defendendo publicamente o programa de Andropov, cujas ações geraram boa expectativa junto à população como reforma no socialismo. Inicialmente falava na *uskorenie* (aceleração do desenvolvimento científico-tecnológico) e havia proposto restaurar a denominação de Stalingrado (eram os 40 anos da derrota do nazismo). Mas no 26º Congresso do PCUS (1986) lançou o Novo Pensamento Diplomático e as políticas reformistas da *Glasnost* (transparência) e da *Perestroika* (reestruturação). Tais propostas, no mesmo ano do acidente nuclear de Chernobyl, já sinalizavam para reformas do socialismo. No plano interno, propunha democratização política e eficiência econômica baseada em descentralização, criação de um setor mercantil e associação ao capital estrangeiro em algumas áreas da produção (AGANBEGUIAN, 1988).

Contudo, o mais urgente era responder à escalada militar promovida por Reagan. Paralelamente ao lançamento das reformas internas, Gorbachev divulgou o Novo Pensamento, uma ofensiva diplomática em prol da paz e do desarmamento, oferecendo propostas concretas e desencadeando intensa campanha de propaganda, quando Reagan iniciava seu segundo mandato. Mas os supostos ganhos de tal política decorriam do fato dele ceder antecipadamente ao adversário, recebendo em troca apenas aplausos. Em sérias dificuldades nos planos econômico, diplomático, militar e ideológico, a URSS buscava evitar o desencadeamento de uma guerra, cujos contornos se esboçavam em incidentes e tensões. Era necessário sustar uma corrida armamentista cujo ritmo e intensidade não mais podiam ser acompanhados por sua economia. As reformas e a diplomacia da *Perestroika* deveriam também tornar o país mais simpático aos olhos da comunidade internacional, esvaziando estereótipos como o do *Império do Mal*. Elas buscavam instrumentalizar a opinião pública, bem como fomentar uma mobilização interna capaz de reverter o quadro de estagnação e descontentamento latente (GORBACHEV, 1987).

Se com os Estados Unidos os objetivos eram, primordialmente diplomático-militares e levantamento das sanções, com a Europa o objetivo era outro: construir a Casa Comum Europeia (associar a URSS e o Leste à Comunidade Europeia liderada pela Alemanha Ocidental). A abertura econômica ao mercado capitalista mundial visava obter tecnologia, bens de consumo e investimentos para a modernização de determinados setores deficitários, em troca de petróleo, gás e minérios, mas continha também componentes políticos. Em uma época de crescente concorrência intercapitalista, em um mercado sem uma elasticidade compatível com a RCT, a abertura do espaço equivalente a um continente, rico em recursos e com numerosa população apta para o consumo, permitiria aliviar a perigosa tensão inerente a tal competição. Dessa forma, a URSS poderia obter uma posição de barganha, a fim de tirar

2. APOGEU E ESTAGNAÇÃO DO SOCIALISMO DESENVOLVIDO (1968-1988)

proveito político e econômico da rivalidade entre a Europa, os EUA e o Japão.

A estratégia da *Perestroika* teve, entretanto, a lógica de sua eficácia matizada por sérios problemas. Em primeiro lugar, ela continha um grave risco de desestabilização interna para a URSS, para seus aliados do Leste Europeu e do Terceiro Mundo. Em segundo lugar, os limites das reformas dependeriam da luta política imprevisível dentro do país e da evolução mundial. Como as reformas econômicas não obtiveram resultados (pelo contrário) nem conseguiam avançar, devido à resistência encontrada, Gorbachev passou a priorizar a *Glasnost* (GORBACHEV, 1987 1), como forma de desbloquear o processo por meio da mobilização política. A partir de então, o grupo dirigente, que não possuía um projeto estratégico suficientemente definido, iria perder o controle da situação, adotando uma postura meramente reativa e cada vez mais tímida. O que as tendências posteriores evidenciaram foi a concretização das tendências desagregadoras e a evolução das reformas para muito além dos marcos inicialmente pensados.

As reformas de "Gorbi" tiveram quatro fases, segundo Segrillo (2000) e Fernandes (2017). A primeira, autodefinida "Descentralização Socialista" (1985-1986), flexibilizava o planejamento econômico e permitia mais autonomia para algumas empresas, que passaram a responder por prejuízos. Eram medidas pontuais, como as tentadas por Kossiguin vinte anos antes. O lema era "mais democracia, mais socialismo", com mais retórica e experimentos do que com estratégia, e a economia cresceu 3,5% em 1985 e apenas 2,4% no ano seguinte. A título de comparação, nos anos 1928-50 a média de crescimento era de 10,8% anual, na década de 1950 foi de 10,3%, na de 1960 7,2%, nos anos 1971-1975 de 5,7%, em 1976-80 de 4,3% e de 1981 a 1985 caiu para 3,2%. A segunda fase (1987-1988) foi de transição, com a quebra do monopólio estatal do comércio exterior, autorização de *joint ventures* e liberação do trabalho privado a título individual (após o expediente) e "cooperativas" urbanas contratando um número limitado de trabalhadores. Era uma fachada para o estabelecimento de empresas privadas, sem mencionar o nome, fortalecendo uma economia paralela, que crescia parasitando a oficial. Por exemplo, os produtos desapareciam dos supermercados governamentais (com preços tabelados) e reapareciam nos "mercados livres", por um preço muito maior. A nova legislação também acabou com o sistema de metas fixadas pela Gosplan.

A terceira fase (198919-90) buscava estabelecer uma Economia Social de Mercado; almejava, retoricamente, passar do socialismo para um modelo social-democrata como o escandinavo. Leis sobre a propriedade permitiam a aquisição ou aluguel de propriedade pública para fins privados, com o setor estatal passando a se tornar "Propriedade Coletiva". Em meio à inflação, desemprego (que antes inexistia), greves e problemas de abastecimento, ainda havia temor em mencionar as coisas pelo seu nome. No início houve entusiasmo pela *Perestroika* como aperfeiçoamento do sistema, mas agora surgia descontentamento e protestos. A dívida externa, por exemplo, dobrou na segunda metade da década de 1980, ainda que fosse de apenas 7% do PIB. A quarta fase (1990-91), que representou a desagregação do sistema e de passagem ao capitalismo será analisada no capítulo 4.

Se no plano doméstico a eficácia da *Perestroika* em atingir os objetivos propostos produzia efeitos cada vez mais questionáveis, no âmbito internacional seus resultados foram impactantes após um ano de governo Gorbachev. As diversas negociações diplomáticas sobre o desarmamento, iniciadas em 1986 por proposição do Kremlin, conduziram paulatinamente à instauração de uma nova *détente* (distensão) entre as duas superpotências. Isto, todavia, foi obtido por insólitas iniciativas de Gorbachev, o qual, com sua síndrome de fuga para adiante, propunha concessões soviéticas concretas sem contrapartidas norte-americanas ou europeias, recebendo apenas elogios e promessas vagas. Fez uma campanha de simpatia, tendo recebido elogios da líder britânica conservadora Margareth Thatcher e da mídia norte-americana. Em dezembro de 1987 se encontrou com Reagan e assinou, em Washington, o mais importante acordo de limitação de armamentos e de redução dos focos de tensão no Terceiro Mundo. A Guerra Fria se encerrava, uma vez que a agenda das duas

2. APOGEU E ESTAGNAÇÃO DO SOCIALISMO DESENVOLVIDO (1968-1988)

superpotências não mais colidiria no Conselho de Segurança da ONU. As negociações incluíam o desarmamento propriamente dito e a resolução negociada dos conflitos periféricos, além da cooperação comercial e financeira. Contudo, se no Hemisfério Norte a nova situação parecia aliviar as pressões sobre a URSS, no Sul Geopolítico o quadro era diverso. A consolidação dos regimes revolucionários da periferia fora bloqueada pela Nova Guerra Fria e seus Conflitos de Baixa Intensidade. Esses regimes se tornaram os principais alvos da ofensiva americana e das concepções implícitas na nova *détente* soviético-americana, e Gorbachev tentava se desvencilhar dos mesmos, mas sofria resistência dos militares.

A resolução política dos conflitos regionais, do Kampuchea à Nicarágua, implicava num recuo da URSS e de seus aliados. No início de 1989 os soviéticos saíram do Afeganistão (quando a situação militar estava equilibrada), os cubanos iniciaram sua retirada de Angola (após derrotar os sul-africanos na batalha de Cuito Cuanavale) e os vietnamitas evacuaram o Kampuchea (quando a guerrilha estava na defensiva). Os EUA e seus aliados, porém, intensificaram o apoio às facções anticomunistas em luta para derrubar alguns desses regimes, após a redução do apoio soviético aos mesmos. Além disso, Moscou teve de reduzir ou cortar a ajuda militar, diplomática ou econômica a seus demais aliados.

Que razões levaram o Ocidente, em particular os EUA, a substituir sua Nova Guerra Fria pela nova *détente* proposta pelos soviéticos? Em primeiro lugar havia a consciência de que a URSS não constituía mais uma ameaça, o que era evidenciado pelo Novo Pensamento da equipe Gorbachev. Como resultado da estagnação interna de fins dos anos 1970 e dos desastrosos efeitos econômicos da corrida armamentista e das pressões diplomáticas dos anos 1980, Moscou enfrentava dificuldades, embora ainda com seu poder militar intacto. Em segundo lugar, os EUA também enfrentavam problemas com a concorrência japonesa, as tendências autonomistas europeias e o atolamento nos conflitos do Terceiro Mundo. Tudo ocorria num momento em que sua própria economia se mostrava limitada para suportar o esforço estratégico-militar requerido pela política dos neoconservadores. Assim, era preciso aproveitar as vacilações soviéticas, acolhendo as iniciativas de Gorbachev, para ganhar politicamente o que não fora possível obter no terreno militar.

No fim da década de 1980 a crise do socialismo soviético se tornou mais intensa e a URSS passou a enfrentar internamente os efeitos desestabilizadores da *Perestroika*. Algumas das medidas adotadas tentavam corrigir desvios do socialismo, enquanto outras se orientavam rumo ao capitalismo ou simplesmente mergulhavam no caos. Constantes greves, indefinições e contradições das reformas provocaram uma crise econômica, enquanto jovens quadros e gerentes aproveitavam-se das reformas para tentar implantar uma economia de mercado em proveito próprio, transitando da ortodoxia socialista à defesa do capitalismo liberal. Essa crise econômica, as nascentes desigualdades sociais e o descontentamento acumulado ensejaram críticas abertas, agora permitidas pela *Glasnost*, sem que o governo respondesse pelo menos às mais absurdas. A frustração crescia, pois nenhum resultado prático era obtido pela simples liberdade de discussão.

O passo seguinte foi a articulação, a partir de 1987 (quando a Revolução comemorava 70 anos), de uma campanha contra o stalinismo, rótulo que foi estampado nos adversários das reformas. Houve a implementação de reformas políticas, tais como a apresentação de várias candidaturas a cada vaga legislativa, abrindo-se em seguida a possibilidade de inscrições de não comunistas. Mais importante, entretanto, foi a descentralização que acompanhou essas medidas. Gorbachev esperava, assim, criar um novo quadro político visando o desbloqueio das reformas econômicas. O ponto central era separar o Partido do Estado (transferindo seu poder para o último, abandonando o primeiro), e o resultado desse processo foi o crescimento acelerado e caótico da mobilização, em âmbito local, regional e republicano. Em 1988 o debate era aberto nos meios de comunicação e nas ruas, com a polarização sendo liderada pelo liberal Yakovlev e o ortodoxo Ligachev, enquanto elementos da velha guarda, como Gromiko, foram afastados. A acadêmica Nina Andreeva lançou um documento in-

2. APOGEU E ESTAGNAÇÃO DO SOCIALISMO DESENVOLVIDO (1968-1988)

titulado "Não posso abandonar meus princípios", criticando as reformas e defendendo o sistema socialista soviético. O debate agora ganhara a sociedade e não era mais restrito ao Partido.

Face à progressiva desagregação das estruturas políticos-institucionais, ao enfraquecimento do poder central e à decomposição dos referenciais ideológicos, os líderes locais, tanto os de oposição como os leais ao sistema, procuraram construir ou salvar suas bases de poder na esfera local. A *Perestroika* demonstrou ser capaz de desarticular o sistema anterior, mas não parecia possuir meios para construir nada de novo em seu lugar. O retraimento da ação partidária e estatal deixava um vazio que era preenchido pela criminalidade, pelo clima de desmoralização, de "salve-se quem puder" e pela apropriação de empresas públicas por setores da cúpula político-administrativa, através das privatizações (PROSKURIN, 1991).

A consequência foi a aglutinação da tensão latente em torno de bandeiras separatistas, nacionalistas e étnico-religiosas, conduzindo à agressão aos vizinhos ou ao massacre covarde de minorias étnicas isoladas, como no Cáucaso e em algumas repúblicas soviéticas muçulmanas, ou simplesmente revalorizando nacionalismos anacrônicos e reacionários, como no próprio Cáucaso e nos países bálticos. Esse fenômeno também atingiu seriamente o "comunismo liberal" ("autogestionário") da Iugoslávia, orientado pelo FMI nos anos 1980, onde ressurgiram, na esteira da crise econômica, tensões étnicas adormecidas. Se no plano internacional a *Perestroika* eliminou a mentalidade de Guerra Fria da maior parte da opinião pública ocidental, por outro lado introduziu um clima de desmoralização ideológica dentro da esquerda, enfatizando somente os aspectos negativos da Revolução Soviética e do socialismo.

3. EUROPA ORIENTAL:
DA DÍVIDA EXTERNA À "REVOLUÇÃO"
(1989)

A Europa do Leste constitui uma região pouco conhecida do público (que confunde Eslováquia, Eslovênia e Eslavônia), com países muito diferentes em termos etnoculturais, religiosos, político-sociais e históricos. Eles sempre foram *outra Europa,* distinta da ocidental e menos desenvolvida do que ela. Seus frágeis Estados nacionais modernos têm apenas um século de existência, pois só surgiram após a Primeira Guerra Mundial, com o colapso dos Impérios russo, austro-húngaro, turco e alemão. Com somente vinte anos de existência eles foram radicalmente transformados pela Segunda Guerra Mundial e, logo, pela Guerra Fria, durante meio século. Em 1989 se tornaram, novamente, protagonistas de uma grande mudança, que se aprofundou na passagem do século (FEJTÖ, 1971). Tais transformações foram, em grande medida, decorrentes de fatores geopolíticos. Como foi visto, sua subordinação à influência russa foi decorrência dos Acordos de Yalta e Potsdam e dos resultados da Guerra Mundial e a implantação do socialismo, uma consequência indesejada até para Stalin.

Havia os pequenos eslavos católicos do norte (poloneses e tchecoslovacos), os húngaros católicos, os alemães orientais luteranos e os pequenos eslavos ortodoxos do sul, búlgaros e romenos (latinizados). A Iugoslávia, também parte desse último grupo eslavo meridional, se dividia em ortodoxos (sérvios, montenegrinos e macedônios), católicos (croatas e eslovenos) e bósnios muçulmanos. Também eram muçulmanos os albaneses e kosovares (albaneses iugoslavos). Alguns fizeram parte do Eixo (Alemanha,

POR QUE O SOCIALISMO RUIU?

Hungria, Romênia, Bulgária e Croácia) enquanto outros, como poloneses, tchecoslovacos e sérvios lutaram ao lado dos aliados. Eram Estados agrários pobres e ditatoriais, exceto a Alemanha Oriental e a Tchecoslováquia, que foram democracias e tiveram fortes partidos comunistas antes de 1933 e 1938, respectivamente. A Iugoslávia e a Albânia não faziam parte da zona de influência soviética, como os demais, e a Alemanha constituía uma questão diplomática distinta. Os búlgaros e tchecoslovacos eram russófilos, enquanto os poloneses e húngaros era antirrussos (LEWIS, 1994).

Devido ao desconhecimento geral da realidade, os regimes do Leste Europeu são vistos apenas através de clichês como "satélites" ocupados militarmente pelos soviéticos, carentes de desenvolvimento e derrubados por uma poderosa revolução liberal-democrática, impulsionada pela sociedade civil. Nada mais longe da realidade, como demonstram as inovadoras e bem documentadas obras de Kotkin (2013), de Ther (2016) e de Mark, Iacob, Rupprecht e Spaskovska (2019). A região foi configurada através do Tratado de Versalhes, mas em meio à onda revolucionária de 1918-1919, se tornou fascista e ressurgiu nos quadros da Guerra Fria. Em 1945 ela ainda tinha resquícios feudais, analfabetismo e baixa expectativa de vida, mas nos anos 1970 o processo de modernização social e industrialização estava quase completo. Entre 1913 e 1950 seu crescimento econômico foi de 1% anual, muito abaixo da média mundial, e de 1950 a 1973 foi de 3,9%, bem acima dela, e apenas a crise do petróleo a reduziu.

Todavia, ela fazia fronteira com as hiperdesenvolvidas Escandinávia e Europa Ocidental, o melhor do capitalismo, e ainda faltava a liberdade, que nunca tiveram, seja lá qual for seu significado. A distensão diplomática foi acompanhada de negócios entre o Leste e o Oeste, mas gerou endividamento externo, crise e busca por reformas econômicas. Quando Moscou se tornou também reformista, em 1985, os gestores econômicos do Leste, em seus contatos com governos ocidentais e instituições internacionais, já conheciam os remédios neoliberais aplicados no Ocidente. Em 1989, quando o povo saiu às ruas protestando, a

104

3. EUROPA ORIENTAL: DA DÍVIDA EXTERNA À "REVOLUÇÃO" (1989)

transição já havia ocorrido, impulsionada desde dentro do próprio sistema, mas seus desdobramentos posteriores seriam impactantes. Era a *Wende* (virada) dos alemães orientais, a *Zmiany* (mudança de sistema) dos poloneses e a *Prevrat* (mudança positiva) dos tchecoslovacos. Para a compreensão da crise e do seu desfecho é necessário, antes, conhecer um pouco da realidade de cada país. Na época da queda as populações eram as seguintes: Alemanha Oriental 16 milhões, Polônia 38 milhões, Hungria 10 milhões, Tchecoslováquia 15 milhões, Romênia 23 milhões, Bulgária 9 milhões, Iugoslávia 23 milhões, Albânia 3 milhões e URSS 280 milhões (para comparação, EUA tinham 245 milhões e RFA 61 milhões de habitantes).

A TRANSIÇÃO POLONESA-HÚNGARA E O FIM DO MURO DE BERLIM FORAM REVOLUÇÕES?

A TRANSIÇÃO NEGOCIADA NA POLÔNIA E NA HUNGRIA

A Polônia renascida após a Primeira Guerra Mundial, que Hitler atacou em 1939, era um Estado ditatorial, antissemita e de perfil fascista-católico. Com a ocupação, foi formado um governo exilado em Londres, que comandava uma guerrilha (Armia Krajowa, AK), mais forte que a de inspiração comunista (Armia Ludowa). A URSS recuperou os territórios majoritariamente de população bielorrussa e ucraniana, que em 1920 a Polônia ocupara, e foi responsável pelo Massacre de Katyn (fuzilamento de oficiais e dignitários do deposto regime polonês). Em 1944, quando o Exército Soviético chegou próximo à Varsóvia, o AK, sob ordens do governo exilado, se revoltou, mas não foi apoiado pelos russos. Estava em jogo o poder na Polônia e Stalin não vacilou. Ele conseguiu dos aliados ocidentais a entrega dos territórios alemães à leste do Rio Oder (que foram despovoados) para os poloneses, que obtiveram regiões ricas em minérios, agricultura e amplo acesso ao mar. Finalmente o país tinha homogeneidade étnica e um território geograficamente vantajoso para o desenvolvimento. Mas o nacionalismo e o catolicismo eram fortes e a liberdade política perdida pareceu pesar mais do que os ganhos geoeconômicos, pois se consideravam mais "europeus" do que eslavos. Além disso, como a "ameaça alemã" havia desaparecido, os russos eram considerados então o problema maior.

A desestalinização propiciou condições políticas para a eclosão de protestos em 1956, mas, ao contrário da Hungria, o comunista Gomulka conseguiu controlar a situação, evitando intervenção soviética, acenando com nacionalismo e mais consumo. A Polônia, como já visto, era o único país do Leste Europeu a possuir uma oposição forte, legal e conectada internacionalmente (a Igreja Católica), e a agricultura permaneceu quase toda privada. O Partido, que em 1944 tinha apenas 20 mil membros, em 1947 atingiu 555 mil, com a fusão com os social-democratas, a absorção de outros partidos e a adesão de oportunistas. Na verdade, ainda que contasse com um sistema repressivo bem-organizado, o poder do regime era limitado, dependendo muito da situação internacional, e o povo era aguerrido contra a opressão (KOLANKIEWICZ e LEWIS, 1988).

Em 1970 houve novos protestos e confrontos, e Edward Gierek o substituiu. Ele embarcou em um projeto de industrialização ambicioso e de aumento do bem-estar social através de empréstimos externos e exportação de bens de capital para o Ocidente. Era a adoção de um nacional-comunismo, que buscava ser menos dependente de Moscou. A Polônia chegou a ter o 10º PIB industrial do mundo nos anos 1970 (siderurgia, máquinas e ferramentas), mas as duas crises do petróleo, o endividamento externo e o surgimento dos Tigres Asiáticos derrubaram o projeto polonês. E a população desejava consumir mais e trabalhar menos, o que afeta um regime que tem sua legitimidade apoiada no pleno emprego e políticas sociais.

Desde setembro de 1980, e mais ainda em 1981, crescia o Sindicato Solidariedade. Muito dos movimentos populares poloneses estavam centrados na questão do padrão de vida da população. Na Polônia, havia pouca produtividade na agricultura (pequena propriedade privada) e o advento da crise trouxe inflação e defi-

3. EUROPA ORIENTAL: DA DÍVIDA EXTERNA À "REVOLUÇÃO" (1989)

ciência no setor de consumo e de serviços. Ainda que o país tivesse acesso a bem-estar social, o nível de vida da população tinha decaído cerca de 35%, desde 1978, situação que era agravada pelo envelhecimento da população. É importante lembrar que, neste ano, tinha sido escolhido um Papa polonês fortemente anticomunista, João Paulo II, o qual alterou a política do Vaticano, que durante os papados anteriores era pela distensão internacional e pela agenda social.

A formação e radicalização do Sindicato Solidariedade provocou a implantação do estado de sítio presidido pelo general Jaruzelski, em dezembro de 1981, o qual suprimiu o movimento e prendeu seus dirigentes (houve 5 mil prisões). Ele argumentou, com realismo, que se Varsóvia não fizesse algo para conter o colapso do regime (o Partido estava desmoralizado), os soviéticos o fariam. O advento da *Perestroika* de Gorbachev viria a alterar a situação, pois, para Moscou, o custo de manter a Polônia era elevado, e ele jogava a cartada europeia. A necessidade de reforma do regime seria impossível sem a participação das lideranças do Solidariedade. Além disso, a URSS não desejava mais intervir, pelo contrário. Até aquele momento, a história da Polônia no pós--guerra parecia cíclica, passando de protesto a concessões que só podiam ser pagas através de empréstimos, depois novamente protestos e repressão. Muitos poloneses iam à Suécia para a colheita de moranguinhos ou se dedicava ao contrabando de produtos da Alemanha Oriental e da Tchecoslováquia e ao comércio informal, o que lhes deu experiência de mercado quando o socialismo caiu.

O aumento da taxa de juros em 1982 agravou a situação. A dívida externa chegava a US$ 39 bilhões em 1987, dos quais 60% eram do Clube de Paris (era o único país industrial que devia ao Brasil). O país possuía uma população urbana de 67,7% e com um PIB de US$ 2.120 (indústria 40,9% e agricultura, 13,4%). Em 1986, cerca de 17% da população urbana migrava de volta para o campo como resposta à queda do padrão de vida das cidades (a carne era racionada). O país baseava-se na indústria pesada, mas com baixa capacidade de exportação e deficiências

POR QUE O SOCIALISMO RUIU?

em matéria-prima e agricultura – setor altamente subsidiado pelo Estado. Além disso, a Polônia apresentava uma inflação de 23% em 1987, e o investimento mal atingia 70% do nível de 1978. Após a queda do preço do petróleo, em 1982, a URSS não tinha mais meios de subsidiar a Polônia, como fizera antes.

Assim que Gorbachev melhorou as relações com o Ocidente, sinalizou que o regime deveria se reformar, deslegitimando--o. Jaruzelski, sob pressão soviética, legalizou o Solidariedade e convidou-o para a Mesa Redonda, buscando dividir o fardo do ajuste econômico com a força que poderia conter as greves. O objetivo, assim, era dividir o poder, e não uma mudança de regime, enquanto o Solidariedade buscava a legalidade. Em 4 de junho houve eleições livres e ele obteve uma arrasadora vitória (assustado, no mesmo dia o governo chinês reprimiu a manifestação da Praça da Paz Celestial). Em 18 de agosto o Solidariedade assume o poder com Tadeusz Mazowiecki, após negociar uma anistia recíproca, em que os comunistas mantiveram um partido reformado e moderado, não havendo perseguições nem acertos de conta.

Contudo, logo o Solidariedade adotaria uma agenda neoliberal, provocando desemprego e, inclusive, fechando o estaleiro em que o próprio Lech Walesa trabalhara. Ao mesmo tempo, fazia declarações antissemitas e defendia um catolicismo e nacionalismo arcaicos. Mais tarde, foi desacreditado e varrido do mapa político, com os neocomunistas reformados ao mercado voltando ao poder. O país acabou entrando na OTAN e na União Europeia, com governos conservadores que, frequentemente, geram incidentes desagradáveis à Bruxelas, mas teve 50% de sua dívida externa perdoada. Tem sido grande apoiador da política norte--americana e, inclusive, enviado tropas ao exterior.

A Hungria, por sua vez, teve uma triste história, com forte perda territorial em 1918, revolução socialista derrotada em 1919 e foi o mais fiel aliado da Alemanha até 1945, pagando um alto preço. O regime socialista foi composto por emigrados da URSS, prisioneiros de guerra, judeus e social-democratas, porque era difícil encontrar pessoas que não houvessem colaborado com os nazistas. Após anos de luta pela liberalização dentro do PC

3. EUROPA ORIENTAL: DA DÍVIDA EXTERNA À "REVOLUÇÃO" (1989)

húngaro, em 1956 houve desestalinização e Imre Nagy foi reabilitado. A URSS pensava que a situação poderia ser controlada. Contudo, ele achou que poderia ir mais longe e, influenciado por seus aliados de ocasião (inclusive grupos de direita ressurgiram organizados da clandestinidade), deixou-se levar, pediu a retirada das tropas soviéticas e prometeu um sistema multipartidário. O XX Congresso do PCUS (1956) oficializara a desestalinização e teorizara a diversidade de caminhos para o socialismo, inclusive com possibilidade de transição pacífica ao socialismo. Assim, a condenação de Stalin e do stalinismo, por seu turno, criava um clima de incerteza política ao reconhecer o pluralismo de vias ao socialismo. Também solapava a legitimidade das lideranças das Democracias Populares do Leste Europeu, que, em boa medida, deviam seu poder a Stalin. Nas sociedades já industrializadas, como a RDA e a Tchecoslováquia, e nas ainda agrárias, como a Romênia e a Bulgária, as mudanças políticas ocorrem sem problemas graves. Entretanto, como observa Jacques Lévesque,

> a Polônia e a Hungria se encontravam em 1956 a meio caminho na via da industrialização. Eram, pois, sociedades em plena mutação, que viviam a época difícil das transferências maciças de população rural rumo às cidades. O próprio Marx descrevera este processo como particularmente alienante. (...) Sobre esta situação explosiva enxertava-se o nacionalismo tradicional antirrusso destes países. (1987, 143)

Nagy foi ultrapassado pelos acontecimentos e a situação fugiu ao controle, sendo anunciada a retirada do país do Pacto de Varsóvia. Andropov, então embaixador no país, viu agentes da polícia secreta serem enforcados em postes e, em 4 de novembro, as tropas soviéticas entram em Budapeste e acabam brutalmente com a revolta armada, numa luta casa por casa, com 2,5 mil húngaros e 700 russos mortos. Os soviéticos retiram Nagy do poder (depois julgado e executado) e instalam como primeiro-ministro János Kádár, que havia formado no leste do país outro governo, com apoio soviético. Também iniciam uma grande repressão e perseguições. Em três dias o regime havia desaparecido e, novamente, sido reimplantado (KOTKIN, 2013).

Quando János Kádár voltou ao poder, em 7 de novembro de 1956, encontrou um partido fragmentado, em um país devastado por uma guerra civil. Passada a breve (mas dura) "correção de rumos", ele implantou um modelo mais flexível de produção e consumo, melhorando as condições de vida. A maioria dos que haviam se exilado, retornou ao país. Assim, ironicamente, poucos anos depois, ele tornou-se o líder mais popular do Leste Europeu, e Budapeste passou a ser considerada a "Paris da Europa Oriental", recebendo turistas do bloco e do Ocidente. Durante os primeiros anos, Kádár focou-se em acabar com a oposição aos soviéticos. Ainda, para simbolizar a mudança, o partido foi renomeado para Partido Socialista dos Trabalhadores Húngaros.

Com a ajuda da Comecon, a indústria do país conseguiu retomar seu crescimento para algo similar ao período pré-intervenção. Em janeiro de 1959 a coletivização da agricultura foi impulsionada mais uma vez, sem coerção, mas com incentivos fiscais. Em 1962, o setor coletivo havia chegado ao pico ao representar 75% da força de trabalho agrícola. Em 1963 os revoltosos presos foram anistiados. O ministro das finanças, Nyiers, elaborou um plano econômico, implantado em 1968 (NEM, Novo Mecanismo Econômico). Foi dada maior autonomia aos empresários em termos de investimento e incentivos, o estabelecimento de preços tornou-se mais realista e o papel do mercado foi aumentado.

A indústria nascente tinha tendências monopolísticas e de cartel, mas a industrialização e urbanização do país eram crescentes. O número de trabalhadores industriais passou de 36%, em 1949, a 45%, em 1980, enquanto os trabalhadores no setor agrícola caiam de 23% a 8%, no mesmo período. De um país agrícola, a Hungria alcançou 58,5% de sua população urbanizada, com 99% dos adultos alfabetizados. Apesar das restrições econômicas, o consumo melhorou consideravelmente: o consumo de carne, peixe e laticínios cresceu mais de 100%. A política de reconciliação de Kádár levou ao crescimento elevado do consumo de bens duráveis no período de 1950-1980, sendo responsável, também, pela criação

3. EUROPA ORIENTAL: DA DÍVIDA EXTERNA À "REVOLUÇÃO" (1989)

de uma classe alta (comparável à classe média norte-americana) (HEINRICH, 1986).

Contudo, em 1973, essas mudanças econômicas e políticas foram pressionadas por forças externas, excessivo crescimento das importações e pelo aumento dos preços das matérias primas. Destaca-se que, com a inauguração do NEM, o mercado húngaro passou a fomentar relações com países não socialistas. A importação de tecnologia ocidental e de energia se fazia necessária; contudo, 70% deste fluxo ocorria dentro do Comecon. Dentro deste contexto, a Hungria entra no Gatt em 1973, além de tornar-se membro do Banco Mundial e do FMI, em 1982. O NEM esbarrava, principalmente, na rápida deterioração dos termos de comércio, em especial após a crise do petróleo. Em 1983, o país já havia perdido o equivalente a seu PIB anual inteiro, em um período de dez anos. No final de 1980, o partido estava vendo seu sistema ser corroído, mas a Hungria não conseguia empreender novas reformas para contornar a situação econômica. Sua alta dívida externa e suas tentativas de estabilização, já desgastadas, impediam que novos projetos funcionassem. Apesar do início reformista, Kádár se viu forçado a diminuir seu liberalismo e a aumentar o planejamento central.

Com a chegada de Gorbachev ao poder, com sua *Perestroika*, a URSS exercia pressão por reformas no Leste Europeu. Ironicamente, o líder soviético dizia estar interessado em implantar o modelo econômico húngaro, que ele conhecia pouco, na URSS. O importante, para ele, era mostrar mudança, inclusive geracional, como forma de ganhar apoio popular, mas, principalmente, de impressionar o Ocidente. Assim, um clima de abertura surgiu na Hungria. Em 1987 Kádár foi retirado do poder após o crescimento da influência de novos grupos políticos, mas a transição havia sido negociada dentro do partido, com intromissão soviética. Kádár foi substituído por Imre Pozsgay, um comunista reformista, que nomeou Károly Grósz como primeiro-ministro. Em 1988, uma série de eventos permitiu a mobilização que desembocou no multipartidarismo. Ainda, em março, o governo instituiu um feriado nacional em comemoração à Revolução de 1848, enchendo as ruas de Budapeste com opositores. Dada a situação de abertura econômica gradativa e crise política, Grósz foi a Moscou encontrar com Gorbachev, que estimulou as reformas, além de prometer que a URSS não mais interferiria nos assuntos internos do país. Iniciou, assim, a transição húngara.

Em junho de 1989, em troca de investimentos alemães-ocidentais, o governo retirou as barreiras da fronteira e permitiu que agentes desse país oferecessem condições para turistas alemães orientais que se encontravam na Hungria emigrar. 5% dos 800 mil orientais cruzaram a fronteira, gerando o início da crise terminal da RDA. Posteriormente os comunistas reformados perderam as eleições para a centro-direita e, depois, o país ingressou na OTAN e, finalmente na UE. Muitas indústrias foram vendidas a grupos estrangeiros e outras, simplesmente fechadas, como laboratórios, que vendiam medicamentos "barato demais", adquiridos por grupos ocidentais e desativados. O país também ficou conhecido por expulsar ciganos e pela emergência de ativos e populares partidos de extrema-direita, com um governo nacional-populista crítico à Bruxelas.

APOGEU E DECLÍNIO DA "PEQUENA PRÚSSIA SOCIALISTA"

A Alemanha Oriental constitui um caso singular dentro do Leste Europeu, tendo surgido por circunstâncias imprevistas e como mera moeda de barganha entre a URSS e as potências ocidentais. Seu exíguo território era composto pela Saxônia e o que sobrara da Prússia (Zona Soviética de ocupação), com a parte ocidental de Berlim ligada aos ocidentais e encravada no centro do país. Os soviéticos usaram essa "sobra" de território para responder ao surgimento da Alemanha Ocidental (1949) e pilhar um semi-Estado governado pelos comunistas, unidos aos social-democratas no Partido Socialista Unificado da Alemanha (SED). A própria URSS apenas a reconheceu após a morte de Stalin, só houve uma bandeira própria em 1957 e apenas pôde controlar suas fronteiras em 1961, com o Muro de Berlim, algo chocante para os moradores da cidade, mas bem aceito pelas potências. Kennedy disse: "não foi a

3. EUROPA ORIENTAL: DA DÍVIDA EXTERNA À "REVOLUÇÃO" (1989)

solução ideal, mas evitou-se uma guerra". Era uma zona pobre em recursos naturais, com poucas indústrias e repleta de refugiados, expulsos das regiões perdidas para os poloneses e dos Sudetos tchecos. Deveria ser de breve duração, mas esta moeda de troca durou mais de 40 anos, contra os adversários e os "protetores".

A elite dirigente era composta por antifascistas sobreviventes das Brigadas Internacionais (Guerra Civil Espanhola), dos campos de concentração nazistas, da clandestinidade e do penoso exílio soviético, experiências que os tornaram "duros". Representavam a tradição marxista e comunista alemã, que durou um século, de 1890 a 1990 (WEITZ, 1997). O país constituía uma mescla de jogo diplomático entre potências e uma guerra civil entre socialismo e capitalismo, congelada geograficamente. Era a linha de frente militar, diplomática e ideológica entre os dois blocos, com vastos contingentes soviéticos e o Exército Nacional Popular alemão oriental sendo o melhor do Leste Europeu. Aliás, as duas Alemanhas tiveram o maior nível de desenvolvimento em seus respectivos blocos. Mas a existência da RDA sempre foi condicional, pois o objetivo de Moscou era obter uma Alemanha unida, neutra e desarmada. Mesmo ocupadas militarmente, as elites da Ocidental e da Oriental sempre exploraram politicamente a divisão para ganhar alguma soberania, depois da derrota total em 1945.

Com a morte de Stalin, a situação da RDA se tornou incerta. Ulbrich pressionava pela passagem imediata à construção do socialismo, como forma legitimar o frágil país perante os soviéticos. Mas Beria ordenou que interrompesse isso imediatamente, pois desejava negociar com a RFA. O SED, então, revogou as medidas, menos a que afetava a jornada de trabalho em 10%, fazendo com que no outro dia trabalhadores que construíam a Avenida Stalin saíssem em marcha de protesto. Curiosamente, o aparato repressivo oriental não foi acionado e os tanques soviéticos tiveram que dispersar os manifestantes dia 17 de junho de 1953 (LOTH, 1998, 160). O evento soou o alarme em Moscou e, dias depois, Beria foi preso e executado por Krushov. Tais eventos salvaram Ulbrich e seu regime, e permitiram-lhe expurgar o partido de reformistas, propiciando que a Alemanha Oriental (assim como a Tchecoslováquia), não realizassem a desestalinização e mantivessem, até 1989, uma economia centralizada.

Com a construção do Muro em 1961 barrando qualquer possibilidade de emigração, a RDA teve seu "milagre econômico" e sua população, com um melhor nível de vida, se acomodou à situação e desenvolveu uma identidade alemã-oriental. Mesclava elementos socialistas com tradições progressistas alemãs e uma cultura militar prussiana; era popularmente chamada de "Nossa Pequena República", o que denotava humildade, mas também certo orgulho. Em 1971, Walter Ulbrich foi substituído por seu pupilo, Erich Honecker, por divergir da agenda soviética sobre a questão alemã que estava sendo negociada. Em 1972, as duas Alemanhas estabeleceram relações diplomáticas e, no ano seguinte, ingressaram simultaneamente na ONU. A RDA passou a ser um Estado "normal", mundialmente reconhecido. Teve grande atuação em apoio aos movimentos de libertação nacional africanos e a regimes revolucionários surgidos nos anos 1970, enquanto a Alemanha Ocidental, por exemplo, cooperou com o projeto nuclear do regime racista na África do Sul. Ao Brasil, a RDA forneceu os planetários e outros equipamentos de precisão às universidades (em troca de café), máquinas impressoras e instalou uma fábrica de motos próxima à Porto Alegre, a MZ Simson (adotadas pela Brigada Militar gaúcha nos anos 1980).

Um dado interessante é que, em função da guerra e de duas ondas massivas de emigração (majoritariamente masculina), havia significativa maioria de mulheres, que tiveram um papel destacado na implantação do socialismo no país. Houve grande desenvolvimento em educação, ciência e tecnologia, microeletrônica, saúde, urbanismo, lazer e esportes (em 1980, o Banco Mundial atribuiu-lhe o 10º PIB *per capita*). Até hoje o extinto país segue na primeira posição em número de medalhas olímpicas por atletas participantes (The Economist, 2012). Se as viagens eram bastante restritas para o ocidente, o Leste Europeu era intensamente visitado pelos alemães orientais. Nem tudo era apenas repressão a intelectuais de vanguarda ou dissidentes políticos

3. EUROPA ORIENTAL: DA DÍVIDA EXTERNA À "REVOLUÇÃO" (1989)

(que geralmente emigravam), e a *Stasi* não executava apenas tarefas de polícia política; era um centro de informações estatísticas em geral, e qualquer pessoa com cargo de chefia teria de fornecer dados sobre pessoas e atividades diversas. Mas os *össis* (orientais) eram eficientes em controle interno e espionagem internacional, tendo infiltrado até o alto escalão da OTAN e do governo da RFA, pois a RDA tinha inimigos internos (muitos deles moldados pelo nazismo) e, principalmente externos. Mesmo assim, o chefe da espionagem internacional, Markus Wolf (o "espião sem rosto"), que infiltrou agentes no comando da OTAN o no gabinete do Primeiro-Ministro Willy Brandt, apoiava Gorbachev e trabalhou, por dentro, para a saída de Honecker (DENNIS, 1988).

Aliás, não havia uma oposição articulada, devido a três questões: os descontentes emigravam, havia um sistema de segurança onipresente e a população era chamada a participar ativamente e em massa nas organizações sociais e no Estado. Era uma "ditadura participativa", onde se podia "levar uma vida perfeitamente normal" se não desafiasse o regime, conforme entrevistados disseram à germanista anglo-americana Mary Fulbrook (2005). Segundo publicações norte-americanas dos anos 1970, como *National Geographic* (9/1974) e *Seleções do Reader's Digest* (5/1979), a RDA se tornara estável e tinha uma base social de apoio, com uma boa autoestima pelas conquistas de um país pequeno e sem recursos naturais, que havia sido destruído na guerra. "Ressurgidos dentre ruínas" era o primeiro verso do hino nacional alemão-oriental.

O economicamente mais bem sucedido regime socialista da época, todavia, foi vítima da revolução tecnológica do capitalismo, do imobilismo de sua elite dirigente no mesmo período e da política pró-ocidente de Gorbachev. O conceito de Casa Comum Europeia do líder soviético se baseava em obter apoio financeiro e tecnológico da Europa Ocidental (especialmente da RFA), bem como o fim da corrida armamentista, em troca da renúncia ao controle de Moscou sobre o Leste Europeu. Após o estabelecimento da convergência URSS-EUA, obtida nos Acordos de Washington em dezembro de 1987, a Guerra Fria acabou, e

POR QUE O SOCIALISMO RUIU?

foi por isso que todos os regimes do Leste Europeu (sob o controle soviético) ruíram, simultaneamente, no segundo semestre de 1989.

Logo após a transição na Polônia e na Hungria a pressão voltou-se, então, contra os regimes socialistas com melhor desempenho econômico, a RDA e a Tchecoslováquia, chamados de "últimos bastiões do stalinismo". Em uma operação articulada pelo novo governo húngaro e por agências ocidentais, turistas alemães-orientais em férias no Lago Balaton foram abordados e muitos aproveitaram para emigrar, recebendo facilidades da RFA. Seguiu-se a crise das embaixadas (com novos refugiados) e cresceram as marchas de protesto desde Leipzig (apoiados pela Igreja Luterana) e a crise durante a comemoração do 40º aniversário da RDA. Ela contou com a presença de Gorbachev, que aproveitou para promover os reformadores e desautorizar os governantes linha-dura, dizendo que "a história não perdoa aqueles que se atrasam".

As crescentes manifestações não podiam mais ser contidas e a situação insustentável levou o idoso dirigente alemão-oriental Erich Honecker a renunciar em favor do seu pupilo Egon Krenz em outubro. Então ocorreu algo insólito. Dia 9 de novembro houve uma reunião inconclusa dos dirigentes para estudar uma forma de autorizar as viagens ao exterior. O porta-voz Günter Shabowski, que não participara da mesma, deu uma entrevista ambígua na televisão à noite, que a população entendeu como sendo a liberação imediata de viagens sem necessidade de visto. Em poucas horas milhares de pessoas foram aos *check-points* e, sem obter instruções dos superiores (os ministérios estavam fechados), os guardas simplesmente abriram as cancelas. Na manhã seguinte o fluxo era tal, que o governo, não podendo mais recuar, removeu partes do Muro para os automóveis cruzarem (KOTKIN, 2013). Portanto, ninguém "derrubou o Muro", o que não diminui a importância deste fato histórico. A atuação política da RFA na RDA, que ficou suspensa no ar, então, passou a ser direta e no mesmo mês caía o governo tchecoslovaco. A Alemanha Federal, dentre as potências, fora a que mais sofrera com a

3. EUROPA ORIENTAL: DA DÍVIDA EXTERNA À "REVOLUÇÃO" (1989)

divisão da Europa e não desejava deixar escapar a oportunidade da reunificação nacional. Hoje se sabe que Gorbachev havia jogado a toalha, mas na época tudo era incerto.

FIM DO REGIME NA RDA E TCHECOSLOVÁQUIA, GOLPES NA BULGÁRIA E ROMÊNIA

A INCORPORAÇÃO DA RDA PELA RFA E SUAS CONSEQUÊNCIAS

Egon Krenz, burocrata preferido de Honecker, foi substituído dias depois da abertura do muro por um político íntegro e respeitado, Hans Modrow, mas o quadro era de paralisia econômica e contínua emigração. Com a quebra da estrutura de poder, os social-democratas saíram do SED, que se transformou em Partido do Socialismo Democrático (PDS), liderado por Gregor Gysi, de origem judaica. Os movimentos reformistas da sociedade civil, da mesma forma que nos demais países do leste, desaparecem em poucos meses. Nas eleições parlamentares de março de 1990 triunfou o inexpressivo democrata-cristão oriental, Lothar de la Maziére, apoiado com recursos financeiros ocidentais e com a coalizão "Aliança pela Alemanha para a liberdade e o bem-estar, socialismo nunca mais".

O chanceler democrata-cristão alemão-ocidental Helmut Kohl aproveitou a crise da RDA e a queda do Muro para precipitar sua anexação, com fins políticos internos. Sob a promessa de uma conversão subsidiada do Marco oriental em relação ao ocidental, uma população abandonada à sua própria sorte e na base do "salve-se quem puder" votou pela unificação, que ocorreu formalmente em 3 de outubro de 1990, com a simples dissolução da RDA e a ampliação da jurisdição da RFA ao leste. A chamada Constituição Provisória se tornou permanente, sem qualquer alteração compensatória aos össis. Enquanto os partidos do leste foram integrados aos congêneres do Oeste, o PDS foi, inicialmente, proibido de atuar no lado ocidental. Os dirigentes comunistas não atiraram nos manifestantes (repressão *a la chinesa*) e nem viam

POR QUE O SOCIALISMO RUIU?

razão para manter um país separado, se as reformas introduziriam o capitalismo; qual o sentido de manter duas Alemanhas com o mesmo sistema?

Mas o que se seguiu foi uma política ressentida de perseguições e desmonte da economia oriental, sob os mais diversos argumentos, como poluição e ineficiência. O objetivo, contudo, era dispersar a classe operária, que era a base do regime e lutaria por seus empregos e conquistas sociais. Melhor seria pagar salário desemprego e dispersá-los das fábricas e instituições fechadas, mantendo-os em suas casas. A Alemanha Oriental virou uma região fantasmagórica, de prédios vazios e de pessoas caladas. Também era necessário apagar a RDA da história alemã, eliminar seu modelo sociocultural, destruir seu urbanismo, difamar seu sistema sociopolítico e criminalizar os que participaram ativamente desse Estado reconhecido internacionalmente.

Num país onde havia falta de mão de obra (94% das mulheres adultas trabalhavam), passou a haver um desemprego duas vezes maior que no ocidental (em alguns *land* do leste chegou a 30%). O resultado foi o colapso do avançado modelo social do leste e um desgaste do ocidental, que era dos mais desenvolvidos do mundo capitalista. Os custos financeiros da unificação e a "colonização interna"[6] logo fomentaram um surdo antagonismo entre os *wessis e össis* (ocidentais e orientais), e o surgimento de uma *(n)östalgie*, a nostalgia pela vida bucólica e sem sobressaltos para o cidadão comum da RDA, desde que não assumisse uma atitude de contestação aberta ao regime. Os orientais se encontraram despreparados para viver sob a cultura capitalista americanizada de individualismo, competição e materialismo consumista que predominava na RFA, além da criminalidade e das drogas. Outro dado interessante é que mais de 75% dos alemães orientais ainda

---

[6] Por exemplo, comissões de inquérito ocidentais avaliavam os professores universitários e, muitas vezes, substituíam os demitidos por seus discípulos da RFA; as direções das empresas e órgãos governamentais passaram a ser ocupadas, numa porcentagem elevada, por ocidentais. A retomada por descendentes de ex-proprietários que viviam no Ocidente de propriedades ocupadas há 40 anos por orientais, especialmente, causou um enorme mal-estar social.

se declaram explicitamente *sem religião*, invalidando especulações sobre a força da Igreja Evangélica[7].

Hoje, um mesmo Estado abriga duas sociedades distintas, no qual muitas pessoas evitam ir ao outro lado. Tal divisão ainda levará tempo para desaparecer. Segundo a oriental Jana Hensel, jornalista do *Der Spiegel*, para que o namorado ocidental de algum membro dos grupos de jovens do leste possa ser aceito é complicado, sendo necessário comprovar que não se trata de um "arrogante consumista ocidental". Mas também há o avanço do neonazismo e do racismo, como subproduto desse processo. Sem dúvida, agora há liberdade individual e direito de ir e vir, mas esses fenômenos negativos são inegáveis e preocupantes. Grave também é a manipulação tendenciosa de associar os regimes da RDA e do III Reich, que nunca é referido como *nazista*, mas como nacional-**socialista**.

Talvez o ponto positivo da Nova Alemanha Federal seja uma tendência à autonomia internacional, como uma liderança da União Europeia. Em 2003, a RFA disse **não** à invasão do Iraque e mantém uma complexa cooperação econômica com a Rússia. Mas a temerosa elite alemã continua a exorcizar o legado político-cultural dos alemães orientais, que estão sendo apagados até mesmo da história. A Alemanha é um país poderoso e importante para o futuro equilíbrio de um mundo multipolar e para a elaboração de um modelo social alternativo ao neoliberalismo. Mas para tanto, é necessário, antes, espantar os seus diversos fantasmas.

A REVOLUÇÃO DE VELUDO NA TCHECOSLOVÁQUIA

Inicialmente, é necessário caracterizar o país. Os tchecos são eslavos meio germanizados, que eram protestantes, mas foram derrotados no século 17 e o catolicismo foi reimplantado. Região industrial do Império Austro-Húngaro, desenvolveu uma cultura de intelectuais de classe média, que lembra a da França, considerando-se superiores aos vizinhos eslavos. Um pouco niilistas,

---

[7] Ver *L'atlas des religions*. Paris: La vie/ Le Monde, 2009.

apreciam polêmicas político-intelectuais e romances depressivos. Já os eslovacos faziam parte da Hungria e eram agricultores, com o desenvolvimento industrial chegando apenas com o socialismo. A esquerda tchecoslovaca chegou ao poder (em 1948) sem necessitar de tropas soviéticas e o país simpatizava com Moscou. Todavia, após as necessidades nacionais serem supridas (expulsão das minorias alemã e húngara), a comparação passou a ser com as vizinhas enriquecidas, a Alemanha Ocidental e a Áustria. O país tinha um PIB *per capita* superior ao soviético, tendo os tchecos maior renda e poder no Estado do que os eslovacos. O país não passou por uma desestalinização (seu "stalinismo" era mais nacional do que importado) e o movimento reformista da Primavera de Praga foi um fenômeno predominantemente tcheco, e com a "normalização" foi nomeado o eslovaco Gustav Husák, que instituiu uma estrutura federal em 1969 (MAC DERMOTT, 2015).

Sob o governo de Husák houve forte investimento em bem-estar social, como na Hungria, mas sem reformas econômicas. Mais de um milhão de apartamentos foram construídos apenas nos anos 1970 e boa parte da população dispunha de sítios para fins de semana ou férias. O consumo e bem-estar, todavia, deveriam ser retribuídos com conformismo político. Havia oposição política ao regime, como a Igreja Católica, ex-comunistas reformistas que haviam sido punidos e os indefectíveis intelectuais, signatários da Carta 77. A repressão onipresente e a censura foram a resposta à esta oposição, embora a economia funcionasse com eficiência em termos de padrão de vida, um dos mais altos da Europa. O clima político e intelectual cinzento é que incomodava, mais aos tchecos do que aos eslovacos (BREN, 2010).

A crise torna-se mais evidente na década de 1980, ainda que Tchecoslováquia e Alemanha Oriental mantivessem a aparência de estabilidade política e uma aceitável performance econômica. A RDA e a Tchecoslováquia possuíam a menor dívida externa do Leste. Mas o bom desempenho da indústria pesada não era acompanhado pela de bens de consumo, comparativamente ao padrão das "Democracias de Consumo" ocidentais. O pior era o clima

3. EUROPA ORIENTAL: DA DÍVIDA EXTERNA À "REVOLUÇÃO" (1989)

político de aparente estagnação, com uma liderança envelhecida. Com o advento da *Perestroika* de Gorbachev, os dias do regime estavam contados, pois Moscou pressionava por reformas democratizantes, legitimando as oposições. Aliás, ele se dizia simpatizante de Dub ek e de seu "socialismo de face humana". Mais uma vez, o conceito Gorbacheviano de Casa Comum Europeia (que incluía investimentos alemães ocidentais para a URSS) falava mais alto. Vinte anos depois da Primavera de Praga, uma caricatura do *Le Monde* mostrava tanques tchecoslovacos entrando em Moscou para defender o socialismo contra os "contrarrevolucionários" gorbachevistas.

O *timing* estava cronometrado com o da Alemanha Oriental. A oposição ativa era de apenas 500 pessoas, em uma população de 14 milhões. De 1988 em diante, ela saiu das sombras, em especial depois do 20º aniversário da intervenção soviética, que Gorbachev então condenou, apoiando os novos reformistas que atuavam dentro do partido. O idoso Husák foi substituído em 1988 por Milos Jakes, que implementou reformas limitadas. Jakes ignorava o pedido de Gorbachev de aceitar a volta de comunistas reformistas expulsos do partido. Houve protesto em 28 de outubro de 1989 (10 mil pessoas), o qual foi disperso pela polícia; contudo, 50 mil manifestantes, após terem assistido às recentes mudanças na Hungria e Polônia no verão e a queda do muro de Berlim, retornaram outra vez às ruas de Praga. Protestos voltaram a acontecer em 19 de novembro (200 mil) e, sob a ameaça de greve geral, Jakes se demitiu. A *Revolução de Veludo* triunfava quase pacificamente, com um acordo de bastidores garantindo mútua anistia, como na Polônia e ao contrário da RDA. O que se seguiu foi a instituição de uma assembleia geral sob a supervisão do Fórum Cívico, a eleição do teatrólogo oposicionista Vaclav Havel e a instituição de um sistema multipartidário (BOREK, CARBA e KORÁB, 2003).

O Partido Comunista se manteve com uma força expressiva, com 20% dos votos, mas um dos primeiros a tentar se registrar foi o Partido dos Amigos da Cerveja, algo típico da irreverência tcheca. Apesar do fugaz resgate da figura de Dubček, como elemento de legitimação (para estabelecer uma ligação com a Primavera de Praga), logo ele foi "aposentado" e o governo adotou políticas neoliberais. As reformas econômicas privatizantes, que agradaram a parte tcheca, geraram maior crise na Eslováquia. Em 1993, os dois países se separaram, formando dois novos Estados. Enquanto a Eslováquia manteve certas referências socialistas por algum tempo, a República Tcheca aderiu à OTAN (sendo forte apoiadora das iniciativas do presidente George W. Bush Jr.) e, depois, à União Europeia. Ironicamente, quando Vaclav Klaus foi primeiro-ministro e presidiu a UE, ele a criticava como sendo "comunizante".

OS GOLPES PALACIANOS NA BULGÁRIA E NA ROMÊNIA

A Bulgária, eslava e de religião ortodoxa, sempre teve na Rússia uma aliada protetora, não apenas pela alegada defesa da etnia e religião (o país esteve mais de 500 anos sob domínio turco). Para o Império czarista era importante controlar os estreitos da Turquia, que permitiriam livre acesso ao Mediterrâneo, e a "libertação" de Constantinopla, "cidade sagrada" da Igreja Ortodoxa (Segunda Roma). Na Segunda Guerra Mundial, o Rei, alemão, disse a Hitler que não poderia enviar tropas contra a Rússia, porque os soldados passariam para o lado dela, tal era a russofilia reinante. Nem sequer declarou guerra à URSS, só aos aliados Ocidentais e apenas lutou contra os alemães em 1945. E o socialismo tornaria esta relação ainda mais sólida, mesmo que o país não tivesse importância geopolítica. Tampouco sofreu uma desestalinização traumática.

O país teve uma evolução menos traumática que os demais, por contar com um líder de renome do comunismo mundial, Georgi Dimitrov, que comandou a Internacional Comunista de 1935 a 1943, com a estratégia de Frente Popular Antifascista. Aliás, ele estava na Alemanha em 1933 e foi acusado do incêndio do Reichstag, conseguindo ser absolvido no tribunal nazista. Foi fácil abolir a monarquia na Bulgária, que tinha um Rei alemão. Dimitrov negociou com Tito a formação de uma Federação Balcânica, para

3. EUROPA ORIENTAL: DA DÍVIDA EXTERNA À "REVOLUÇÃO" (1989)

obter mais autonomia frente à URSS, o que irritou Moscou. Mas a ruptura Stalin-Tito em 1948, e seu falecimento em 1949, inviabilizou a proposta e o poupou de ser derrubado, permitindo, assim, que permanecesse cultuado como um herói nacional.

A sociedade búlgara sofreu uma importante modificação após a Segunda Guerra Mundial e a ascensão ao poder do partido comunista. A urbanização foi acelerada: em 1948 era de 26%, e, em 1970, já atingia 50%, marcando a mudança do país de uma sociedade basicamente agrária para uma urbanizada, chegando a 65%, em 1985. Esta mudança se refletiu no número de trabalhadores no setor agrícola que, de 82%, em 1948, passa a 21%, em 1985. Paralelemente, houve um incremento de trabalhadores na indústria (de 8% para 37%) e no setor terciário (de 10% para 42%). O nível de vida aumentou rápida e constantemente no pós-Guerra, mas especialmente após 1965. Em 1965, enquanto 8% das famílias possuíam televisor, em 1970 o número salta para 42% e atinge 93% em 1985. O consumo de carne, que, em 1956, era de 26,6 kg *per capita*, passa para 41,4 kg, em 1970, chegando a 71,3 kg em 1985. Contudo, apesar do aumento da disponibilidade e da qualidade dos bens de consumo, a Bulgária ainda sofria com irregularidade e inconsistências nos padrões de oferta. Interessante, era o país do leste com maior equilíbrio entre campo e cidade (MCINTYRE, 1988).

Sobre a política externa da Bulgária, destacam-se seus laços históricos com a Rússia, o que acabou por unir os dois países sob a égide da URSS com maior facilidade. Inclusive, foi o membro mais subserviente do Pacto de Varsóvia, como demonstra sua aceitação do papel de suprir com produtos agrícolas subtropicais (tabaco e cítricos) o Comecon, bem como por duas solicitações para fazer parte da URSS como a 16ª República da Federação (o que foi recusado por Moscou). As relações comerciais búlgaras ocorriam majoritariamente dentro do bloco soviético. Para um país como a Bulgária, o CAME era muito importante para a exportação de manufaturados e alimentos e importação de matérias-primas e energia.

POR QUE O SOCIALISMO RUIU?

Houve, todavia, alguns casos de divergência entre a Bulgária e a URSS. O primeiro foi na década de 1950, quando, dentro do PCB, houve certo entusiasmo com o Grande Salto à Frente maoísta, supondo efeitos positivos no desenvolvimento do país em 1959-62. A cisão sino-soviética e a agressividade da diplomacia chinesa geraram um sentimento de poder de barganha nos países do Leste, com relação à URSS. Isso, possivelmente, gerou o experimento do Grande Salto Búlgaro, o qual também pode ser embasado na experiência soviética na década de 1930. Um segundo exemplo foi o ânimo com a primeira proposta de Erhard (chanceler da Alemanha Ocidental) de melhorar o relacionamento do país com o Leste Europeu, na metade da década de 1960.

Na década de 1980, a Bulgária estava com sua economia estagnada e pouco eficiente; faltava energia (a exemplo do inverno de 1984-1985, quando os cortes e apagões foram comuns), o que prejudicava o envelhecido setor industrial do país, o qual agora se baseava em importação de combustível com preço muito elevado. A URSS também apresentava problemas na sua indústria de carvão e petróleo, o que aumentava a dependência búlgara na importação de países a preços de mercado internacional, sem barganha. Passou a haver racionamento de alimentos, manufaturados e eletricidade, além da inflação crescente e da falta de fundos (a dívida externa era de US$ 10 bilhões em 1989).

A *Perestroika* de Gorbachev criava ondas de choque político-econômicas, abalando a estabilidade do Leste Europeu. Assim, aprofunda-se a crise e declina a aceitação do velho líder Zhivkov, que reagiu desenvolvendo uma política nacionalista e xenofóbica contra as minorias, especialmente contra os turcos e muçulmanos. Essa política foi a intensificação do que já vinha ocorrendo desde 1950, quando as escolas turcas foram forçadas a "bulgarizar" seus nomes e identidades. Em 1985, turcos e muçulmanos tiveram de escolher seus nomes de uma lista de nomes búlgaro-cristãos. Contudo, em uma Bulgária sem oposição organizada, mas em crise, surge o *Ecoglasnost*. Em 26 de outubro de 1989, o grupo ecológico organizou um protesto que acabou com forte repressão policial televisionada. Gorbachev, ao visitar o país,

124

3. EUROPA ORIENTAL: DA DÍVIDA EXTERNA À "REVOLUÇÃO" (1989)

trocara livros com bilhetes ocultos com Petur Mladenov, antigo ministro das relações exteriores e seu simpatizante. Moscou favorecia um golpe palaciano forçando Zhivkov a deixar seu posto de presidente e líder do partido, e em 10 de novembro, Mladenov toma seu lugar (um dia após a Revolução de Veludo tcheca). Do lado de fora, houve a formação da inexpressiva União das Forças Democrática (UFD), integrada por pequenos partidos e um sindicato independente chamado *Podkrepa* (Apoio).

O líder do partido era Zheliu Zhelev, autor, em 1981, de um livro chamado *Fascismo*, que insinuava semelhanças entre o comunismo e o totalitarismo fascista. Após uma inconclusiva reunião do Comitê Central do PCB sobre o futuro do país, foi expedida ordem de prisão para Zhivnov e os direitos turcos foram restaurados. Este último gerou protesto da velha guarda búlgara e contraprotestos. Somente em janeiro de 1990 foi retirada da constituição a referência do PCB (que adotara novo nome) como sendo "a força guia da sociedade e do Estado". O governo neocomunista reformado acabou perdendo o poder em eleições posteriores para partidos conservadores. Enquanto o nível de vida declinava, as indústrias fechavam e a criminalidade aumentava, o país aderiu à OTAN e ingressou na UE em 2007. Esta última tem pressionado o governo a agir contra as máfias e a criminalidade endêmica na Bulgária.

Já na acuada Romênia o desfecho foi bem diferente. Ela participou da invasão à URSS e, em 1944, quando os soviéticos entraram no país, o PC, após 25 anos de perseguição, tinha apenas mil filiados, a maioria sendo oriunda das minorias étnicas húngaras, alemãs e judaicas. Em 1945 já eram 250 mil, em 1947 atingiram 800 mil e em 1980 eram 3,7 milhões. Como no resto da região, tratava-se da incorporação de socialistas moderados e outros partidos pequenos e adesão de entusiastas e de oportunistas, mas é de extrema relevância que se tornou majoritariamente de etnia romena. Os comunistas internacionalistas e pró-Moscou foram sendo expurgados e o partido abraçou a causa nacional como elemento de legitimação, primeiro com cautela por Georgiu Dej, depois com ênfase por Nicolaeu Ceaucescu. O último, por sua

POR QUE O SOCIALISMO RUIU?

independência frente a Moscou, foi cortejado pelo Ocidente, apesar de seu regime ter superado o autoritarismo stalinista (que não era uma casta familiar), juntamente com o da Albânia. O país era agrário, mas possuía as maiores jazidas de petróleo da Europa, o que auxiliou em sua independência dentro do bloco, além de sua posição geopolítica também não ser estratégica.

A cisão entre o partido chinês e soviético permitiu aos romenos desenvolver uma política de autonomia. Seus vínculos com o Comecon e com o Pacto de Varsóvia foram reduzidos ao mínimo e o PCR declarou que cada Partido escolheria seu próprio caminho. Durante a década de 1960, Dej tentou obter recursos financeiros e tecnologia para seu ambicioso programa de industrialização, ganhando ajuda ocidental e chinesa. Contudo, somente em 1965, com a morte de Dej e a ascensão de Nicolae Ceauşescu, pôde-se consolidar essa política, que buscava tirar vantagem da situação de Guerra Fria e da cisão do mundo comunista. Ceauşescu segue sua política de autonomia e nacionalismo, na qual o PCR passa a defender a independência do país acima de tudo. Durante seu governo, a Romênia foi o primeiro país do campo soviético a retomar relações com a Alemanha Ocidental e a condenar a invasão soviética à Tchecoslováquia. Ainda, mantinha laços com a China e a Iugoslávia (construíram duas represas no Danúbio), recusou-se a cortar relações com Israel após a Guerra dos Seis Dias e não apoiou a intervenção no Afeganistão, além de entrar no FMI e no Sistema Geral de Preferências da Comunidade Econômica Europeia.

O período de 1965-1969 foi chamado de a "consolidação da sociedade socialista" pelos comunistas romenos. Nos primeiros anos, o novo líder viajou pelo interior do país, onde proferia discursos dramáticos, relatando a importância daquela região no esforço de independência da Romênia, evocando figuras históricas. Uma das principais marcas do período pós-construção do regime foi a inovação política. No nível central, periférico e intermediário, instituições são criadas e outras são reformadas de maneira a aumentar o sentimento de participação coletiva (SHAFIR, 1985).

O último período, iniciado em 1969 até o final do regime, foi chamado de Sociedade Socialista Multilateralmente Desenvolvi-

3. EUROPA ORIENTAL: DA DÍVIDA EXTERNA À "REVOLUÇÃO" (1989)

da, de ênfase nos Planos Quinquenais. O cidadão seria um "novo homem multilateralmente desenvolvido". O programa de 1974 aumentava ainda mais a participação do Partido, que lideraria a edificação do socialismo, e sua retirada se daria de forma orgânica, quando já estivesse integrado na sociedade. De acordo com Ceaucescu, o PCR estava no caminho de concretizar esses objetivos em 1981, quando sua adesão ultrapassava 3 milhões de membros. A política de Ceauşescu constituía uma tentativa de criar um conceito que parecesse novo, visando afastar as mudanças políticas que ocorriam no Leste Europeu na época. Mas o preço da "independência" foi a concentração cada vez maior do poder, que se tornou familiar (o que Stalin nunca fez), sempre temendo dissidências estimuladas por Moscou.

Gradativamente emancipado da tutela soviética desde os anos 1960, o país empreendeu uma industrialização acelerada, com base na indústria pesada, máquinas e petroquímica, com os recursos do petróleo e empréstimos internacionais. Era um salto megalomaníaco, que exigiu sacrifícios da população, enquanto o líder construía palácios. Contudo, a recessão internacional e a elevação da taxa de juros no início dos anos 1980 fizeram a dívida externa disparar, enquanto as exportações caiam. Observando que o endividamento externo era um instrumento que estava causando a queda do desenvolvimento e a perda da independência econômica dos países em desenvolvimento, ele tomou a decisão de pagá-la. Para tanto, reintroduziu, depois de 27 anos, o racionamento de alimentos e energia, enquanto ampliava a jornada de trabalho. Ele conseguiu quitar a dívida em 1989, mas foi derrubado quatro meses depois.

A boa relação com o Ocidente começou a se deteriorar após 1986, quando ocorreu o advento da *Perestroika* de Gorbachev e o governo de Ceau escu se tornou ainda mais rígido internamente. De líder sempre elogiado pela imprensa e diplomacia ocidentais, ele passou, da noite para o dia, a "último ditador stalinista". Seu regime era muito mais repressivo que os demais do bloco soviético, mas sua independência em relação à Moscou fazia com que não houvesse críticas no Ocidente. Ceauşescu já havia

POR QUE O SOCIALISMO RUIU?

rejeitado a *Perestroika* e a Glasnost e estava cada vez mais isolado no âmbito internacional. Em 1982, possibilitou aos trabalhadores comprar 30% dos ativos fixos das empresas em que trabalhavam, um truque para retirar moeda de circulação (não havia bens para adquirir), na tentativa de aliviar a crise e a inflação. Num comportamento psicótico, aprofundou a fuga para diante, iniciando um projeto de construir novas cidades rurais e demolir as aldeias, transferindo a população. Em 1989, com o fim do socialismo na Polônia e Hungria, a Comissão dos Direitos Humanos da ONU criou um inquérito sobre a situação no país, apoiado pela Hungria, e a Romênia começou a sofrer sanções alimentícias. A tensão aumentou na região povoada pela minoria húngara após a repressão de um protesto em Timisoara, contra a prisão do pastor calvinista Lászlo Tökés. Uma rede de televisão francesa, com suporte de autoridades locais, montou a imagem de um gigantesco massacre[8], que serviu de catalisador para a opinião pública do país, que passou a sofrer mais sanções e foi excluído das concessões comerciais da Comunidade Europeia (KOTKIN, 2013).

O imobilismo do regime de Ceaucescu agravava a tensão e, durante uma manifestação organizada em seu apoio, ele foi vaiado. Na sequência, foi desfechado um golpe militar liderado por membros do PCR pró-*Perestroika* (apoiado e encorajado pela URSS), derrubando o velho ditador. Seguiu-se uma miniguerra civil (visivelmente exagerada pela televisão estrangeira), na qual populares e o exército atacavam prédios defendidos por remanescentes da *Securitate*, a polícia política[9]. Tal espetáculo visual destinava-se a impactar a opinião pública mundial, mostrando que, em meio às chamas, o comunismo desaparecia, juntamen-

---

[8] Após a repressão, às vítimas foram acrescentados os corpos de pessoas mortas por causas naturais nas semanas anteriores, colocadas lado a lado e filmadas, com a conivência de autoridades locais, e as imagens correram o mundo e catalisaram a facção do PCR pró-Gorbachev, que desejava derrubar o odiado líder. (Le Monde Diplomatique. Paris: mars 1990, p. 3)

[9] Muitas das cenas foram filmadas *a posteriori*, pois, quando as equipes de televisão chegaram, os tiroteios já haviam acabado.

3. EUROPA ORIENTAL: DA DÍVIDA EXTERNA À "REVOLUÇÃO" (1989)

te com o "vampiro romeno". Durante a repressão que se seguiu, Ceauşescu e sua mulher foram presos, "julgados" secretamente e executados três dias depois, em 25 de dezembro de 1989. Dos 70 mil mortos inicialmente anunciados, posteriormente foram confirmados apenas 1% deles!

O poder foi dominado pela Frente de Salvação Nacional, uma corrente do próprio governo comunista, responsável pelo golpe. Ion Illiescu, o novo presidente do país, trocou o nome do partido, mas teve de enfrentar uma oposição de classe média, cujas manifestações foram dispersas, duas vezes, pelos mineiros que vieram até a capital para apoiar o governo. Mais tarde os conservadores ocuparam o poder e o país aderiu à OTAN e, em 2007, à UE. Fora os membros do clã Ceaucescu, não houve perseguição aos comunistas, que permaneceram nas estruturas econômicas e de poder, cada vez menos reconhecíveis. A instabilidade política e econômica tem sido a marca da nova Romênia, um país marcado pela emigração, criminalidade e perseguição de minorias nacionais.

A TRAGÉDIA DA IUGOSLÁVIA: SEPARATISMO, GUERRA CIVIL E INTERVENÇÃO EXTERNA

Em todo o Leste Europeu houve uma "Revolução Negociada", ou transição política iniciada desde dentro dos próprios regimes, que surpreendeu por ter se dado sem derramamento de sangue, exceto por algumas horas de tiroteio entre o exército e a polícia política romena. Mas o colapso da Iugoslávia, o mais liberal dos países socialistas, chocaria o mundo pela violência e mortandade causada por sua prolongada Guerra Civil.

OS SEPARATISMOS, A GUERRA CIVIL E A TERCEIRA IUGOSLÁVIA

A Iugoslávia surgiu com base no Tratado de Versalhes (1919) e no pan-eslavismo dos povos submetidos aos impérios turco e austríaco. Na Segunda Guerra foi dividida, com croatas apoiando os invasores nazistas e os sérvios lutando contra eles,

POR QUE O SOCIALISMO RUIU?

mas a guerrilha comunista, liderada pelo croata-esloveno Josip Broz "Tito" acabou se impondo. Ele criou uma nova Iugoslávia, autônoma (em relação à URSS), republicana, socialista, neutra e, após 1974, federal. Mas ele tinha de equilibrar as elites republicanas e agia como um árbitro entre elas. A estrutura federal deu poder às repúblicas, que puderam constituir milícias de Defesa Territorial, e a morte de Tito (1980) acabou com o elemento arbitral, quando o socialismo e a economia mundial estavam em crise (MACFARLANE, 1988).

Os sérvios não sabiam bem o que fazer, apenas desejavam recuperar a parcela de poder que Tito lhes retirara em 1974, uma vez que eram majoritários. Já os eslovenos e croatas sim, pois sendo os mais ricos, católicos e com apoio externo (Papa, Itália, Alemanha e Áustria), desejavam a independência. Num clima de gradual decomposição do governo central (colegiado, com liderança rotativa anual), devido ao veto dos representantes croata, esloveno e bósnio, que bloqueava o processo decisório, a implosão da federação era iminente. Nesse contexto de paralisia institucional, os presidentes da Eslovênia e da Croácia, o ex-comunista Kucan e o conservador Tudjman, respectivamente, aproveitaram para proclamar a independência. Em junho de 1991 a Eslovênia ocupou os postos alfandegários federais na fronteira austríaca e italiana, expulsou funcionários das instituições federais e cercou os quartéis. O governo central enviou 2 mil soldados para retomar os postos de fronteira, mas eles foram barrados por 40 mil milicianos bem armados. Em uma semana os federais se retiraram, configurando-se uma independência, em um precedente que produziria uma tragédia humanitária em plena Europa. Não havia minorias étnicas e o reconhecimento internacional veio em seguida, estimulando outros separatismos.

Em setembro foi a vez da Croácia. A violação do Direito Internacional e a utilização da identidade étnica (ou religiosa) como fundamento legitimador da formação dos novos Estados gerava um problema adicional. Os integrantes das minorias sérvias se transformavam em cidadãos de segunda classe num país estrangeiro, especialmente na Croácia. A situação foi mais complicada,

3. EUROPA ORIENTAL: DA DÍVIDA EXTERNA À "REVOLUÇÃO" (1989)

pois um quarto da população era sérvia, e o governo local ultra-conservador evocava como ancestrais até os fascistas Ustashi. Além disso, o apoio explícito da Alemanha, tentando convencer a UE a reconhecer a independência, trazia à memória dos sérvios os traumas da Segunda Guerra Mundial. Com o apoio do que restou do exército federal, as milícias sérvias lograram controlar as regiões rurais pobres onde sua etnia era majoritária. Face à debilidade militar dos croatas, a ONU enviou uma força de paz para separar as duas comunidades e impedir o avanço sérvio. A intransigência dos sérvios se devia à memória do extermínio que sofreram nas mãos dos croatas na Segunda Guerra, junto com judeus, ciganos e opositores de esquerda. O campo de concentração e extermínio croata de Jasenovac tem tantos corpos enterrados que é considerado "a segunda cidade da Iugoslávia" (PALAU, 1996)

A liderança muçulmana da Bósnia-Herzegovina também proclamou a independência e convocou um plebiscito em 1992, que foi boicotado pelos sérvios (40% da população). Imediatamente desencadeou-se uma violenta guerra civil, opondo as três comunidades (os croatas eram 20%). Os bósnios logo ficaram cercados nas cidades, pois se tratava de uma população urbana de classe média, que se convertera ao islã durante a ocupação turca. A violência do conflito deveu-se, principalmente, ao engajamento dos civis, que se encontravam adestrados para a guerra e possuíam arsenais do exército em cada aldeia, devido à estratégia militar iugoslava (doutrina da Defesa Popular Total).

No passado a Iugoslávia esperava por uma invasão da OTAN ou do Pacto de Varsóvia e preparou uma defesa baseada na resistência popular. Agora a população usava esses recursos para uma luta de casa em casa, contra os próprios vizinhos. Os sérvios, com auxílio do exército, controlaram dois terços do território, porque sendo, sobretudo, uma população rural, este era o espaço por eles habitado. Os croatas e bósnios (que também lutavam entre si) eram auxiliados pelas potências ocidentais (especialmente a Alemanha) e os últimos, também por países islâmicos, como a Turquia, e inclusive voluntários fundamentalistas iranianos.

A questão croata teve nos europeus os grandes estimuladores, mas no tocante à Bósnia e Kosovo, os americanos tomaram as rédeas.

A grande mídia construiu mitos. O primeiro deles é a demonização dos sérvios, que teriam inventado a chamada "limpeza étnica", visando criar uma Grande Sérvia. Todas as etnias expulsaram populações e realizaram massacres ao longo da guerra. Em segundo lugar, a questão da retificação de fronteiras para acomodar os sérvios dentro de um mesmo país, que se configura como resposta ao separatismo étnico das demais repúblicas. Além de exagerados no discurso político como forma de mobilização, os croatas e albaneses do Kosovo também seguiam a mesma política, e os bósnios tentaram controlar uma república inteira, onde representavam apenas uma minoria. Os grandes povos da Iugoslávia pertencem ao mesmo grupo étnico, e suas diferenças são pequenas. Os bósnios, por exemplo, são servo-croatas convertidos ao islã, enquanto a língua é comum, apenas grafada diferente (alfabeto cirílico e latino, respectivamente). Enfim, a teoria do nacionalismo atávico serve para ocultar a responsabilidade de líderes e partidos regionais e nacionais, bem como de potências estrangeiras, que estimularam e manipularam os micronacionalismos com fins políticos.

Com a desagregação da Iugoslávia, em 1992, a Macedônia também se tornou independente, após negociar com Belgrado. Em abril do mesmo ano, as repúblicas da Sérvia e do Montenegro criavam, por plebiscito, uma nova Iugoslávia em miniatura (a Terceira Iugoslávia). O que demonstra os interesses externos em jogo é que membros da UE, de imediato reconheceram e apoiaram as repúblicas separatistas, enquanto a Iugoslávia remanescente não, sofrendo inclusive isolamento diplomático e embargo econômico e militar. Também era estigmatizada pela imprensa internacional, referida apenas como Sérvia, liderada pelo polêmico Milosevic, que passou a ser considerado "ditador", apesar de vigorar no país o multipartidarismo e as eleições regulares.

Os combates na Bósnia prosseguiram, especialmente nas cidades divididas ou nos corredores estratégicos que ligavam

3. EUROPA ORIENTAL: DA DÍVIDA EXTERNA À "REVOLUÇÃO" (1989)

regiões isoladas. Sintomaticamente, a comunidade internacional não tomou uma atitude, além de inundar a Europa com imagens sangrentas, com o intuito de convencer os europeus da necessidade de manter, e mesmo ampliar a OTAN, cuja manutenção era questionada desde o fim da Guerra Fria. Em 1995, com o exército croata já preparado para operações ofensivas (recebeu o equipamento do extinto exército da Alemanha Oriental), a ONU retirou suas forças de paz dos enclaves sérvios, que foram facilmente conquistados. A população sérvia foi, então, inteiramente expulsa pelos croatas e suas casas queimadas, na maior operação de limpeza étnica até então realizada. Enquanto isso, em resposta à conquista, massacre e limpeza étnica do enclave bósnio de Srebrenica pelos sérvios, os croatas e os bósnios (agora aliados e militarmente reforçados) passaram à ofensiva na Bósnia, com apoio aéreo da OTAN. Abandonados pelo governo iugoslavo, os sérvios sofreram uma derrota completa, enquanto quase um milhão deles convertiam-se em refugiados.

KOSOVO: A OTAN E O FIM DA IUGOSLÁVIA

Milosevic, esgotado pelo embargo econômico, fora obrigado a aceitar os Acordos de Dayton, que transformaram a Bósnia-Herzegovina em uma confederação, que reunia uma república sérvia (49% do território) e uma federação bósnio-croata. O país foi ocupado por forças de paz da ONU, que incluíam os principais países da OTAN. Contudo, o embargo econômico não foi totalmente levantado contra a Iugoslávia, sob o pretexto dos desmandos políticos de Milosevic em relação à oposição. Da mesma forma, embora os massacres (inclusive de civis) tenham sido praticados por todos os protagonistas, as grandes lideranças sérvias foram indiciadas por crimes de guerra pelo Tribunal Penal Internacional de Haia, enquanto apenas croatas e bósnios de menor hierarquia militar eram inculpados. Nenhuma providência foi tomada para repatriar os sérvios expulsos de toda Croácia e de partes da Bósnia, nem o presidente croata Tudjman foi acusado de limpeza étnica (HUDSON, 2003).

A partir desse momento, as potências da OTAN passaram a explorar dois focos potenciais de conflito no que restava da Iugoslávia, o problema dos albaneses da província de Kosovo e a oposição política interna e a liderança de Montenegro. Com relação à última questão, Milosevic demonstrou flexibilidade política, logrando conter os protestos da classe média e de ultranacionalistas sérvios através de compromissos e da formação de um governo de coalizão. Assim, a OTAN buscou outros caminhos, procurando reorganizar e fortalecer a guerrilha albanesa no Kosovo, que as forças iugoslavas haviam neutralizado facilmente.

Com apoio do presidente conservador da Albânia, Berisha, houve a fusão de grupos guerrilheiros antigos com grupos ligados ao contrabando e ao narcotráfico, dando origem ao Exército de Libertação do Kosovo (ELK) em 1996. Além de apoio das potências da OTAN, o ELK era financiado por algumas comunidades albanesas da UE e nos EUA e, especialmente, pela máfia albano-kosovar, que transporta e distribui heroína vinda da Turquia para a Europa. A derrubada de Berisha por uma rebelião popular em 1997, devido à falência das pirâmides de investimento, seguida de um caos generalizado, permitiu a alguns países da OTAN enviar tropas ao país.

Então, intensificaram-se os ataques da guerrilha no interior do Kosovo contra os sérvios e contra os seguidores do líder moderado dos kosovares, Rugova, que desejava barganhar autonomia com Belgrado. A reação das forças iugoslavas produziu vítimas que alimentariam a propaganda ocidental[10] e desacreditaria os kosovares moderados, majoritários. Com a escalada do conflito, a OTAN exerceu forte pressão para conversações de paz, que se realizaram em Rambouillet, na França, onde impuseram condições que eram inaceitáveis aos iugoslavos. Este impasse destinava-se a precipitar um conflito longamente preparado,

---

[10] Geralmente os ataques aos civis foram cometidos por milícias dos partidos ultranacionalistas, que antes foram apoiados pelos EUA contra Milosevic, e depois da guerra voltaram a ser.

3. EUROPA ORIENTAL: DA DÍVIDA EXTERNA À "REVOLUÇÃO" (1989)

e o momento escolhido destinava-se a salvar o ELK, que se encontrava em dificuldades, bem como a instrumentalizar a discussão sobre as mudanças na estrutura da OTAN. Estas teriam lugar durante o cinquentenário da Organização, que alterou seu *status* de defensiva para ofensiva.

Com a interrupção das negociações, a OTAN lançou uma massiva ofensiva aérea contra toda a Iugoslávia em 24 de março de 1999, sem consultar o Conselho de Segurança da ONU. Os bombardeios aéreos e de mísseis visaram inicialmente a alvos militares e, depois, à infraestrutura civil. Surpreendidos pela capacidade de resistência dos iugoslavos, que não se amedrontaram, passaram a atacar fábricas e, finalmente, zonas residenciais, como forma de aterrorizar a população. Para a OTAN, quando os bombardeios se mostraram infrutíferos, devido à unidade nacional que se criou na Iugoslávia, as inesperadas manifestações contra a guerra na Europa e a eficácia do exército federal em conter os ataques da guerrilha no Kosovo, a estratégia radicalizou-se. Contudo, as fissuras na aliança logo se fizeram sentir, com a recusa de vários membros de promover uma invasão terrestre.

No início de junho, após três meses de bombardeios ininterruptos, Milosevic aceitou um acordo pelo qual retirava as tropas da província, que continuaria sendo parte integrante da Iugoslávia, e permitia a entrada da OTAN e da Rússia. Os refugiados deveriam retornar, e o ELK seria *desmilitarizado* (Washington recusou o termo *desarmado*). A Iugoslávia teve sua infraestrutura destruída, e Milosevic aceitou a realização de eleições diretas para presidente. Nela, o opositor Kostunica, apoiado pelo Ocidente, obteve 48%, contra 40% de Milosevic, o que implicava a realização de um segundo turno. Condicionando a ajuda econômica à saída imediata do presidente, o Ocidente apoiou uma Revolução Colorida (*Bulldozer*) de Mudança de Regime, que tomou as ruas de Belgrado.

Foi feito um acordo em que Kostunica assumia a presidência, com um primeiro-ministro membro do Partido Socialista de Milosevic, Zizic. Mas, em janeiro de 2001, Milosevic foi preso e, com a liberação da ajuda ocidental condicionada à sua entrega ao

Tribunal Penal Internacional de Haia (TPI), foi retirado clandestina e ilegalmente do país, de madrugada, em junho de 2001, e levado para uma cela isolada na Holanda. Milosevic, no TPI, estava firme e astuto, denunciando uma condenação anterior ao julgamento. O julgamento era televisionado, mas logo deixou de ser e a saúde de Milosevic foi se deteriorando. Foi encontrado morto em sua cela em março de 2006, sem ter sido condenado, dado à fragilidade dos argumentos da acusação. 50 mil pessoas assistiram a seu enterro em sua aldeia natal, considerando-o como um herói nacional. Já o ex-líder do ELK e primeiro-ministro kosovar Hashin Thaci foi, uma década depois, acusado não apenas por chefiar organizações criminosas, mas por matar prisioneiros sérvios (ocultados em fazendas no interior) e vender seus órgãos via Albânia. O mapa dos Bálcãs voltou a ser, como séculos antes, um agregado de pequenos "principados" satelizados por potências europeias, por acaso as mesmas dominadoras da região nas guerras mundiais.

ALBÂNIA: O COLAPSO DO "BASTIÃO DO VERDADEIRO SOCIALISMO"; A DESCONHECIDA MONGÓLIA

A pequena, primitiva, e montanhosa Albânia não deixou de ter um lugar particular no panteão dos Estados socialistas. Convertida ao islã pelos turcos, fora dominada pela Itália e empreendeu uma guerrilha comunista bem-sucedida, liderada por um jovem professor de francês, Enver Hodja. Não fazia parte da área soviética definida em Yalta e o principal problema dos comunistas albaneses era não serem absorvidos pelos iugoslavos. Quando Tito e Stalin romperam, eles se aliaram à Moscou, que não tinha interesse no país, a não ser como contenção dos iugoslavos. Quando Krushov se reaproximou de Tito, Enver se aliou à China, adotando um discurso de pureza ideológica stalinista contra os "socialismos revisionistas" iugoslavo e soviético, mas os chineses não tinham interesses geopolíticos. Nos anos 1960, apenas desejavam aumentar sua influência contra a URSS dentro do Comunismo Internacional, provocando sua divisão e enfraquecimento

3. EUROPA ORIENTAL: DA DÍVIDA EXTERNA À "REVOLUÇÃO" (1989)

irreversíveis. Quando os chineses se aliaram aos Estados Unidos, ingressaram na ONU e anunciaram reformas, a Albânia rompeu relações e isolou o pequeno país o máximo possível, inclusive construindo milhares de pequenas casamatas de concreto para enfrentar uma virtual invasão. Embora houvesse industrialização, o país permaneceu pobre, com uma estrutura de poder unipessoal como na Romênia. Apesar da alegada "pureza ideológica" do regime, ele então comerciava com os países ocidentais e a Iugoslávia (FEVSIU, 2018).

Em 1985, Enver Hoxha morreu e foi substituído por Ramiz Alia, que tentou promover algumas reformas e abertura interna e externa a partir de 1986. Com as mudanças que ocorriam no Leste Europeu, tais políticas foram aceleradas em 1989-1990, sendo concedida anistia ampla e a criação de um sistema pluripartidário. Em 1991, houve um êxodo de milhares de albaneses para a Itália em barcos precários, através do estreito de Otranto. Na época da Guerra Fria os refugiados eram acolhidos, mas agora foram mandados de volta. Houve eleições em março e Alia venceu, mas com os votos do interior, pois a oposição triunfou nas cidades e na capital, Tirana. Em maio, houve uma greve de 300 mil trabalhadores, e o primeiro-ministro Fatos Nano estabeleceu um governo de coalizão com a oposição, duramente criticado pelos comunistas contrários às reformas, e ele se desfez em dezembro. Em março de 1992 o Partido Democrático venceu com 60% dos votos o Partido Socialista (ex-comunista), que obteve 20% apenas — mas a abstenção fora de 80%! (VICKERS, 2014)Sali Berisha, ligado aos conservadores clãs do norte, torna-se o primeiro presidente pós-comunista. Aliou-se aos EUA e permitiu a instalação de uma base da OTAN para ações na Bósnia. Perseguiu os socialistas, prendeu os líderes históricos e proibiu o PS, enquanto o tráfico, o desemprego (18%) e a criminalidade se alastraram pelo país. Meio milhão de pessoas (17% da população) era obrigada a trabalhar no exterior. Mas ele entusiasmou a população com os investimentos em pirâmides financeiras, que entraram em colapso em 1997, gerando quebras de bancos, perda dos depósitos e uma revolta popular armada que o derrubou. Como na

Iugoslávia, havia grande quantidade de armas nas mãos de comitês locais de defesa. Os socialistas reformados voltaram ao poder, mas seguiram na aliança com o Ocidente e o apoiou na guerra do Kosovo. Uma realidade que não foi alterada é que parte da população permaneceu isolada em aldeias, mantendo uma política de clãs, fragmentando o país, e mantendo redes que serviram de ponte entre a Turquia e a Europa, para tráficos de variados tipos.

Junto com os regimes do Leste Europeu, caiu o segundo regime socialista (desde 1924), a desconhecida Mongólia (exterior). Sua evolução política e desenvolvimento seguiram o caminho das repúblicas muçulmanas da Ásia Central soviética, especialmente do Cazaquistão, cuja população era nômade como a mongol. Todavia, como nação budista, havia semelhanças com o Tibete, com uma imensa teocracia parasitária, que suplantava até mesmo a nobreza. Quase 40% da população estava ligada aos mosteiros mongóis, que controlavam as melhores pastagens e privavam a economia da mão de obra necessária. Era um país em declínio (inclusive demográfico) no início do século 20, que não lembrava a época de ouro de Gengis Khan. Assim como na Inglaterra de Henrique VIII em relação à Igreja Católica, a derrubada da teocracia local foi brutal. Houve a coletivização da sociedade pastoril, desenvolvimento da mineração, das comunicações e da sociedade, sob o comando de Choybalsan (até 1952) e de Tsedenbal (até 1984).

A população da República Popular da Mongólia era menor do que a da Mongólia Interior, região autônoma que pertence à China, a qual também reivindicava seu território. Mas Stalin obrigou Mao a aceitar a independência do país e, até os anos 1990, havia uma enorme estátua do líder soviético em Ulan Bator, a capital. Os mongóis eram gratos e se sentiam protegidos por Moscou, pois a migração chinesa era considerada uma ameaça. E foi Gorbachev quem apoiou os reformistas, que acabaram perdendo o poder quando a URSS se desintegrou. Hoje, a Mongólia mantém sua autonomia, num equilíbrio estratégico entre a China e a Rússia (DILLON, 2020).

4. DE BERLIM A MOSCOU: QUEDA DO PCUS E FIM DA URSS (1990-1991)

O terremoto político que derrubou os regimes socialistas do Leste Europeu, em 1989, e que contou com o apoio de Gorbachev, inclusive através da KGB, facilitou a aproximação com o Ocidente, mas também produziu ondas de choque, que atingiram a URSS. O regime soviético entrou em um ciclo de tensões e conflitos que levaram ao seu fim, bem como acabaram produzindo a implosão do próprio Estado em 1991. O líder reformista perdeu o controle do movimento que havia criado e foi ultrapassado pelos acontecimentos. Uma superpotência se desintegraria, mesmo contando com imensos recursos de poder político-militar, sem que fosse derrotada em uma guerra e sem derramamento de sangue, como na Iugoslávia.

Era o insólito fim de uma aventura iniciada em 1917 por um pequeno grupo de militantes, que criou uma nova sociedade moderna e a segunda potência mundial, com imensos recursos econômicos e militares, e desmoronou como um castelo de cartas. Aqui será descrita a crise terminal do regime socialista e do Estado soviético desde a queda do Leste Europeu, de Berlim à Moscou. A análise será abordada no último capítulo, com as diversas interpretações sobre o fenômeno ocorrido há 30 anos, cujas ondas de choque ainda não cessaram. Isto porque o desaparecimento da URSS e do socialismo soviético também marcou o fim da ordem internacional bipolar, moldada em decorrência dos resultados da Segunda Guerra Mundial.

PACIFICAÇÃO INTERNACIONAL, TENSÃO DOMÉSTICA E O DIVÓRCIO PARTIDO-ESTADO

O que Gorbachev considerava uma grande vitória era a obtenção da paz internacional, e o desengajamento da URSS dos conflitos do Terceiro Mundo. A redução e, até mesmo, o corte da ajuda militar, econômica e diplomática forçou os sandinistas a negociar com os contras na Nicarágua e disputarem uma eleição, que foi perdida. A América Central estava "pacificada" e Cuba estava por conta própria, refluindo do seu enorme protagonismo mundial dos anos 1970 e 1980. Da mesma forma, houve a negociação da guerra em Angola, com a retirada cubana e o fim da ajuda soviética. O mesmo ocorreu com a Etiópia, cujo regime cairia em 1991. A ajuda ao Vietnã também foi drasticamente reduzida, com a saída de suas tropas do Kampuchea/Camboja, onde a situação foi encaminhada para as mãos da ONU. Por fim, em fevereiro de 1989 houve a retirada soviética do Afeganistão, mantendo-se alguma ajuda econômica e assistência militar, por insistência do Exército. Inesperadamente, os comunistas afegãos resistiram aos guerrilheiros fundamentalistas islâmicos e o regime somente caiu, ironicamente, depois da URSS, em abril de 1992. Com os EUA havia sido negociada a redução de armamentos, com Bush (pai), que proclamou o advento de uma Nova Ordem Mundial, colhendo os frutos da pressão de Reagan sobre Gorbachev.

Com relação ao Leste Europeu, suas economias eram acopladas à da URSS, que no passado auxiliara a industrialização pesada, com o objetivo socioeconômico de criar a "classe revolucionária" (HUNT & SHERMAN, 1977). Mas, apesar da modernização e dos avanços sociais e econômicos inegáveis, a tradição cultural e a questão nacional sobreviveram e, como previra Stalin, eram elementos difíceis de controlar. A existência do Estado de Bem-estar Social ocidental e de seu eficaz mecanismo ideológico-midiático consumista, bem ao lado da fronteira, sem dúvida foram desafios insuperáveis. O conservadorismo permaneceu enraizado em boa parte da população, e muitos consideravam a tutela de Moscou uma subordinação a uma grande potência "externa", isto é,

4. DE BERLIM A MOSCOU: QUEDA DO PCUS E FIM DA URSS (1990-1991)

"não europeia". Seu termo de comparação não era o passado de subdesenvolvimento ou a vizinha Europa atrasada do Mediterrâneo, mas sim a Europa Ocidental hiperdesenvolvida, com a qual tinham fronteira (os tchecos se comparavam aos alemães ocidentais, assim como também os orientais, e os húngaros aos austríacos). Outro problema estrutural era a pouca margem de manobra dos regimes, pois Moscou, em última instância, os considerava parte de um esquema militar e diplomático defensivo, exercendo controle através do Pacto de Varsóvia e do Comecon, o Mercado Comum socialista. Quando Gorbachev achou que esses países não eram mais necessários, abandonou-os sem qualquer hesitação.

Com o estabelecimento da Conferência de Segurança e Cooperação Europeia (Helsinque, 1975), a Coexistência Pacífica fora institucionalizada, bem como a agenda dos Direitos Humanos, dos quais os países do Leste socialista eram cossignatários. O bloco soviético obtinha paz internacional, mas adquiria obrigações internas de respeitar normas internacionais, o que seria um alento aos dissidentes. Para melhorar o nível de consumo era necessário importar produtos e tecnologias ocidentais, a serem pagas com moeda conversível. Para tanto, era preciso exportar bens e participar de reuniões em organizações econômicas internacionais, tendo como resultado a formação de uma nova geração de tecnocratas socialistas conectada aos seus colegas do capitalismo. As crises do petróleo de 1973 e 1979, a reestruturação da economia mundial, a rápida industrialização dos Tigres Asiáticos (que liquidaram as vantagens comparativas do Leste Europeu) e o aumento da taxa de juros no início dos anos 1980 afetaram seriamente a Europa Oriental. Para compensar o *déficit* comercial e cambial ela se endividou muito, como ocorreu com o Regime Militar do Brasil, mas não conseguia mais arcar com os compromissos internacionais, sobretudo porque a URSS tinha que auxiliar regimes revolucionários do Terceiro Mundo (e suas guerras) e também se encontrava em dificuldades. A Polônia foi a nação mais afetada pela crise (THER, 2016).

Os anos 1980 haviam sido caracterizados pela Nova Guerra Fria, estimulada pelo Presidente Reagan, e pelas reformas neoliberais da Primeira-Ministra britânica Margareth Thatcher. Ela cunhara a expressão TINA (*There Is No Alternative*), isto é, "Não Há Alternativa" às reformas neoliberais. Os problemas enfrentados na Europa Ocidental não eram muito diferentes dos enfrentados nos países do Leste Europeu. Propostas de reformas já existiam dentro dos governos comunistas, lançadas pelos tecnocratas jovens que conviviam com funcionários ocidentais e, também, viam os ajustes neoliberais da economia como uma opção para suas endividadas nações. Ironia da história, ao lutar por liberdade em relação a um sistema opressivo, setores da sociedade não imaginavam que estavam destruindo seus empregos e sistema de seguridade social. O descontentamento social crescia, quando Gorbachev chegou ao poder em 1985, propondo uma agenda de abertura política e econômica com a *Perestroika* (GORBACHOV, 1987 b). Além dela, havia o Novo Pensamento Diplomático, visando reduzir a tensão internacional e a corrida armamentista, que afetavam a economia soviética. O conceito de *Casa Comum Europeia*, por sua vez, propunha uma esfera de cooperação de Lisboa ao Estreito de Behring. Tal conceito e o os princípios liberalizantes na economia, no sistema político e na diplomacia tiveram, então, forte impacto no Leste Europeu.

Após 1987 não havia mais possibilidade de voltar atrás, porque o próprio Gorbachev alertara os líderes do Leste Europeu que não haveria mais ajuda soviética e que deveriam implantar reformas políticas e econômicas. Uma geração de "gerontocratas" começava a se retirar de cena, e no segundo semestre de 1989 todos os líderes da Europa Oriental haviam sido afastados do poder. A narrativa estabelecida foi a de que a Sociedade Civil promovera uma *Revolução popular*, que derrubara os regimes socialistas e varrera o comunismo para a lata de lixo da História. Mas não foi exatamente o que ocorreu, como demonstrou o historiador norte-americano Stephen Kotkin em seu livro *A Sociedade Incivil* (2013).

Assim, devido ao fim da Guerra Fria (ocorrido em 1987), no segundo semestre de 1989, os regimes socialistas de tipo soviético da Europa Oriental foram varridos, praticamente sem resistência

4. DE BERLIM A MOSCOU: QUEDA DO PCUS E FIM DA URSS (1990-1991)

interna e externa. As razões para a URSS ter permitido, e até auxiliado tal processo, se deveram à perda de importância estratégica de seu *glacis* defensivo na era dos mísseis intercontinentais e ao elevado custo político-econômico da manutenção da maioria desses regimes. Eliminava-se, assim, um dos obstáculos à *détente* com o Ocidente, e em dezembro de 1989 Moscou assinava um Acordo de Cooperação com a Comunidade Europeia, no caminho da materialização do sonho gorbacheviano de uma *Casa Comum Europeia* e a obtenção de ajuda financeira. Não houve qualquer tratado formal entre o Ocidente e a URSS, tendo Gorbachev recebido apenas promessas informais de apoio econômico e de não expansão da OTAN, em troca da dissolução do Pacto de Varsóvia. Nada disso foi cumprido, posteriormente, pelo Ocidente, em troca das concessões soviéticas (FLACH, 2007).

Da mesma forma, os supostos atores populares da "Revolução" Democrática saíram de cena logo em seguida. Aliás, quando eles foram às ruas, a transição já havia sido negociada discretamente entre os elementos reformistas (gorbachevianos) dos próprios regimes e alguns opositores selecionados, que passaram a controlar a economia e o Estado. Alguns eram conservadores, mas boa parte eram membros que haviam sido expurgados no passado e foram reintegrados, o que evidencia que se tratava de um pacto entre setores do próprio sistema, agora em busca da democracia liberal e do mercado. Os movimentos trabalhistas de oposição (que queriam depurar o socialismo burocrático), pacifistas e ecologistas foram meros figurantes em uma trama que não compreendiam e logo dispersos. As privatizações em proveito de membros da cúpula e de corporações estrangeiras, junto com as políticas neoliberais adotadas, deixaram grande parte da força de trabalho desamparada, embora a narrativa triunfante fosse a da conquista da liberdade e de promessas sociais otimistas. Todavia, vinte anos depois, ela seria alterada por outra versão dos fatos.

Por mais que o líder soviético argumentasse que a queda do leste resolvera um problema para a URSS, houve um clima de desmoralização no país, pois as condições econômicas e a situação política seguiam se degradando. Mais de meio milhão de

POR QUE O SOCIALISMO RUIU?

soldados com suas famílias retornaram do exterior sem ter como se manter nem onde morar, inclusive com muitos sendo dispensados, devido aos cortes no efetivo. O descontentamento dos militares crescia, devido à perda do *status* internacional do país e da própria corporação, dentro da estrutura de poder vigente. O sabor era mais de derrota e humilhação, pois foi acompanhado da retirada do Afeganistão. Por outro lado, os opositores na URSS se sentiram mais encorajados ainda a avançar suas agendas de separatismo ou de transição à economia de mercado. E todos reivindicavam a "democracia", fosse socialista, liberal ou nacional. No exterior, a União Soviética e seu errático líder eram vistos, cada vez mais, com desdém.

Na URSS, a luta pelo poder continuava e a tensão crescia, pois a *Perestroika* se transformara numa "catastroika". O déficit orçamentário crescia, passando de 2% do PIB em 1985 para 10% em 1988, tendo surgido algo desconhecido na URSS: a inflação. Uma greve de mineiros abalou o país, reclamando melhores salários e condições de trabalho. A resposta de Gorbi, como sempre, era mais do mesmo e fugir para adiante. Os preços foram liberados, foi criada uma Bolsa de Valores e ele formalizou diversos tipos de propriedade: estatal, cooperativa, arrendatária e "outras". A palavra "privada" ainda não podia ser mencionada em público (Segrillo, 2000), enquanto a escassez crescia e até o desemprego ressurgia.

O *Komsomol*, a juventude comunista, se tornara uma escola de empreendedorismo, ou formação de empresários. Segundo Keeran e Kenny (2008),

> as forças econômicas do lado sombrio da sociedade soviética exigiam legitimidade e poder. O mercado negro e a máfia russa se multiplicavam. A empresa privada e as 'cooperativas' fictícias cresciam. Os ambiciosos e gananciosos apoiadores de Iéltsin faziam pressão no sentido de uma mudança drástica para a passagem radical à economia de mercado. Se [este] substituísse a planificação, os altos funcionários e

4. DE BERLIM A MOSCOU: QUEDA DO PCUS E FIM DA URSS (1990-1991)

diretores podiam aspirar a uma riqueza sem precedentes. Era evidente de que lado o vento soprava (p. 177).

Paralelamente avançava a implementação de reformas políticas, tais como a apresentação de várias candidaturas a cada vaga legislativa, abrindo-se, em seguida, a possibilidade de inscrições de não comunistas. Em março de 1989 houve eleições, com mais de um candidato por cadeira (e não mais uma lista) e debates na TV e nos locais públicos. O Partido Comunista ainda conseguiu 87% dos votos, mas foram eleitas personalidades relevantes de oposição, como Boris Iéltsin (que Gorbachev humilhara e rebaixara em 1987) e o cientista e ativista dos Direitos Humanos Andrei Sakharov, recém anistiado. Também foram eleitos elementos liberais que já defendiam uma economia de mercado e um sistema político multipartidário, como Iuri Afanasiev e os prefeitos de Moscou (Popov) e de Leningrado (Sobchak). Os dois últimos se tornariam milionários, posteriormente, através de contratos escusos, enquanto desfiguravam o urbanismo das duas maiores cidades soviéticas.

Mesmo havendo vencido, o partido se encontrava em fragmentação e paralisia. No início da *Perestroika* havia apoio popular, acreditando que ela seria a continuação das reformas de Andropov, como Gorbachev afirmava. Mas o projeto evoluía ao sabor dos acontecimentos e, quanto mais avançava, mais dificuldades surgiam. O problema era que o próprio Secretário-Geral do Partido trabalhava contra ele. Na XIX Conferência do PCUS, em meados de 1988, Gorbi instituiu uma gradativa separação entre o Partido e a economia, e, depois, dentro das próprias instituições do Estado (que Iéltsin completou). Foi o início do fim, porque o que mantinha a coesão de 15 repúblicas e de mais de uma centena de etnias, bem como da complexa e gigantesca estrutura burocrática e econômica era, justamente, o Partido. Igualmente importante, também, foi a descentralização que acompanhou essas medidas. Gorbachev esperava, assim, criar um novo quadro político, visando a desbloquear as reformas econômicas. O resultado desse processo foi o crescimento rápido e caótico da mobilização, em âmbito local, regional e republicano, analisado adiante.

Outro ponto fundamental foi o avanço da *Glasnost* no plano político-ideológico. Formalmente, a iniciativa de Gorbachev e Yakovlev era "fomentar o debate" no partido para corrigir seus desvios e torná-lo mais popular. Gorbachev, inclusive, removeu o bloqueio do sinal da Rádio Free Europe, da CIA, que ficou acessível em idioma local a 22 milhões de soviéticos na região ocidental do país. Como diretor do IMEMO, Yakovlev organizou quadros para a batalha ideológica, e com eles controlando os arquivos do Estado (onde tudo era "secreto") e a mídia, a *Glasnost* se transformou em uma arma política decisiva. A ideia de Gorbi de rever o passado de forma ampla, inclusive reintroduzir o nome Stalingrado, foi mudando de rumo. Para combater seus adversários, ele iniciou uma segunda desestalinização, levando a questão diretamente para a sociedade, sem interferência do partido. Livros encomendados, documentários na televisão e publicação nos jornais de documentos cuidadosamente selecionados se tornaram instrumentos para a desmoralização dos opositores das reformas dentro do Partido. Ironicamente, quando as reformas começaram a produzir resultados negativos para a população, ela passou a considerar Stalin uma figura histórica positiva. Enquanto as elites reformistas demonizavam o antigo líder, tentando enterrar um morto que já estava sepultado, ele começou a ser desenterrado pela população.

O debate sobre os problemas do país era muito necessário, mas a estratégia se tornou apenas um elemento de crítica do chefe do Partido contra o sistema como um todo, encorajando a oposição a também lançar pedras. O povo foi ficando perplexo, especialmente quando os adversários nacionais e estrangeiros do sistema faziam críticas exageradas ou falsas, e o Partido se calava, sem responder e tomando a acusação como verdadeira. Assim, não havia debate, mas a convergência de reformistas do sistema e de inimigos do mesmo, no sentido de atacá-lo, sem canais de resposta. A revista *Sputnik* (versão soviética da *Seleções do Reader's Digest* americana), por exemplo, da mesma forma que outras

4. DE BERLIM A MOSCOU: QUEDA DO PCUS E FIM DA URSS (1990-1991)

publicações, começou a ser proibida em muitos países socialistas, como Cuba e Alemanha Oriental, já em 1986, por ter se tornado "anticomunista". Mas, em geral, a *Glasnost* foi muito eficiente em desmobilizar os que acreditavam no sistema (desde que melhorado) e mobilizar e legitimar os seus adversários. Tudo promovido pelo Secretário-Geral do próprio Partido e seu guru liberal Yakovlev. Mas o Partido era o único elemento agregador da vida política, e um local onde importantes protagonistas iam mudando de posição, à medida em que as reformas se tornavam mais problemáticas e, também, a única instância onde Gorbachev poderia ser cobrado. Era preciso esvaziá-lo de conteúdo, abandoná-lo e criar uma nova base de poder no Estado. Mas que Estado seria este, resultante das reformas político-econômicas e da erosão do papel ideológico do PCUS?

Face à crescente desagregação dos marcos político-institucionais, ao enfraquecimento do poder central e à decomposição dos referenciais ideológicos, os líderes locais, tanto os de oposição como os leais ao sistema, procuraram construir ou salvar suas bases de poder na esfera local. A *Perestroika* demonstrou ser capaz de desarticular o sistema anterior, mas não parecia contar com visão estratégica e meios para construir nada de novo em seu lugar. O retraimento da ação estatal deixava um vazio que era preenchido não por participação democrática, no sentido ocidental, mas pelas máfias criminais e políticas, pelo clima de desmoralização, de "salve-se quem puder", e pela apropriação de bens públicos por setores da cúpula político-administrativa, por meio das privatizações. Um sistema que introduz liberdade de ação sem instituições respeitadas nem uma cultura cidadã consolidada se torna, necessariamente, um instrumento a serviço dos mais espertos, fortes e bem relacionados, em detrimento dos demais.

IÉLTSIN X GORBACHEV: ASCENSÃO DAS FORÇAS PRÓ-MERCADO E OS NACIONALISMOS

Gorbi continuou seu processo de mudança política, separando cada vez mais o Partido do Estado, e foi eleito pelo Soviete Supremo da União (parlamento federal) como Presidente da URSS, novo cargo criado em março de 1990. Na mesma eleição, os autodenominados "democratas" (liberais pró-mercado, antissocialistas) venceram em Moscou e em Leningrado, encontrando em Iéltsin seu decidido líder e instalando um duplo poder, que inexistia desde 1917. Ele voltou à política, depois de perseguido e rebaixado por Gorbachev em 1987, e foi eleito deputado pela região de Sverdlovsk. Foi eleito presidente do Soviete Supremo da República Russa (equivalente a Primeiro-Ministro) e iniciou uma disputa política contra o governo soviético (central) e Gorbachev. Apenas três meses depois ele obteve a aprovação da "Soberania" da Rússia (primazia das leis russas sobre as soviéticas), primeiro passo para promover a *independência da Rússia* em relação à URSS. O aparecimento de um "nacionalismo russo", que serviu de plataforma para Iéltsin, será explicado adiante.

Em julho de 1990 foi realizado o XXVIII Congresso do PCUS, que seria o seu último. Havia diversas correntes organizadas, com propostas bem diferenciadas, lembrando as disputas e debates existentes nos anos 1920. Os partidários das reformas estavam já se dividindo: havia o grupo situacionista de Gorbachev e a Plataforma Democrática, que desejava um modelo social-democrata ocidental para o Partido. No campo contrário às reformas, havia a corrente ortodoxa Unidade, liderada pela acadêmica Nina Andreeva, que defendia o modelo implantado nos anos 1930, e a Plataforma Marxista. Ela era forte entre intelectuais de esquerda opostos tanto à Gorbachev como ao stalinismo, que desejavam reorganizar e democratizar o socialismo. Durante os trabalhos, Boris Iéltsin fez um discurso bombástico e emotivo contra o Partido e se desligou dele, enviando uma clara mensagem aos reformistas que desejavam acelerar as reformas para a reimplantação do capitalismo. Estava aberta a Caixa de Pandora, pois a República

4. DE BERLIM A MOSCOU: QUEDA DO PCUS E FIM DA URSS (1990-1991)

Russa agora era comandada por um não comunista, e a cidade de Moscou abrigava dois poderes paralelos, um em ascensão, outro em declínio.

Aqui é necessário analisar o que era a Questão Nacional e sua propalada "união de povos iguais". Os bolcheviques sempre criticaram a russificação imposta pelo Czar aos demais povos, mas em 1917-1921 o Império estava destroçado, com regiões inclusive independentes. O modelo federal da URSS, adotado em dezembro de 1922 (quando acabara a Guerra Civil), resultou de um projeto misto de compromisso entre as concepções de Lenin e as de Stalin. Eles divergiram publicamente, pois o primeiro desejava criar uma "união aberta", a União das Repúblicas Socialistas da Europa e da Ásia, à qual as novas Revoluções externas poderiam aderir. Mas será que a China de Mao, por exemplo, aceitaria que sua capital fosse em Moscou?

Stalin, o único não-russo da liderança que conquistou o poder, havia sido encarregado, em 1913, de estudar a Questão Nacional, para que os bolcheviques respondessem às teses austro-marxistas. Era apenas um debate teórico, mas ele compreendeu a força do nacionalismo, pouco considerada pelo marxismo clássico. No tocante à construção da ordem soviética, ele adotou uma postura mais realista, criticando o modelo de Lenin, o qual carecia de um centro histórico-geográfico aglutinador. Stalin preferia uma estrutura de autonomias nacionais dentro de uma Rússia Socialista Soviética mais centralizada, mas teve que ceder, e o resultado foi uma adaptação do que Lenin desejava, a União das Repúblicas Socialistas Soviéticas (Medvedev e Medvedev, 2006, p. 245).

Foi montada uma estrutura bastante complexa. A União era responsável pela defesa externa, segurança interna, diplomacia, planejamento econômico, transporte e comunicações. As Repúblicas Federadas, por sua vez, administravam a justiça, a educação, os assuntos interiores, a propriedade da terra, a saúde e a seguridade social (VISENTINI, 2017). Assim, a nova estrutura administrativa permitiu a industrialização acelerada e criação de um Homem Soviético supranacional. Apesar do elevado grau de centralização e de o direito à secessão ser apenas teórico, houve o florescimento cultural e econômico dessas nacionalidades, muitas das quais puderam, após séculos de russificação forçada do czarismo, voltar a empregar livremente seu idioma. Havia quatro grupos étnicos principais: indo-europeus (75% do total: eslavos, armênios e alemães), altaicos (mongóis, turco-tártaros), uralianos (finlandeses, carelios, komis, nenets) e caucásicos (georgianos e minorias do Cáucaso)

Todavia, vale notar que a decisão sobre quais seriam as Repúblicas Federadas, as Autônomas e os Distritos Nacionais, resultaram de arranjos políticos locais forjados durante a Revolução e a Guerra Civil. Além disso, foi relevante a construção da nova estrutura estatal e de suas implicações internacionais. Por exemplo, Ucrânia e Geórgia haviam sido reconhecidas como Estados independentes por países europeus ao fim da Primeira Guerra Mundial, e foi necessário estabelecer um governo bolchevique local, que, então, solicitava à adesão à União. Muitas das fronteiras entre povos foram demarcadas simplesmente buscando consolidar o poder soviético. A Ucrânia, por exemplo, foi invadida por estrangeiros e disputada por diversos grupos rivais locais. As cidades industriais da Bacia do Don, majoritariamente russas e pró-soviéticas, foram integradas na nova república para manter o controle sobre a parte agrária, mais nacionalista e conservadora, de ucranianos e cossacos.

Outro problema foram os países bálticos, que durante a Guerra Civil conseguiram, com apoio externo, derrotar os bolcheviques locais e obter a independência. Nos anos 1930 se tornaram ditaduras de tipo fascista, em 1940 foram anexadas à URSS (Pacto Ribbentrop-Molotov) e, depois, apoiaram o III Reich na Guerra, sendo reanexadas em 1945. Muitos países ocidentais não reconheceram diplomaticamente tal incorporação. Por fim, devido à industrialização, mineração e ao desenvolvimento de novas áreas agrícolas, houve muita migração interna e mestiçagem. Os países bálticos eram pouco povoados e quando foram industrializados, após 1945, atraíram mão de obra de outras regiões. Quase 40% da população da Letônia, por exemplo, era russa ou ucraniana,

4. DE BERLIM A MOSCOU: QUEDA DO PCUS E FIM DA URSS (1990-1991)

surgindo "ilhas" desses povos também nas cidades e minas da Ásia Central.

O cultivo da "Terras Virgens" da estepe do Cazaquistão, por sua vez, fez com que russos, ucranianos e alemães fossem mais numerosos que os pastores nativos, que em 1989 eram apenas 38% da população da república. Também houve remoção forçada de povos "não confiáveis" de zonas em fronteiras estratégicas e de comunidades que colaboraram com os nazistas. Embora os russos fossem a etnia mais numerosa (50% do total), na maior parte da existência da URSS ela foi governada por um georgiano (30 anos) e dois ucranianos (30 anos), e apenas no início e no fim por russos (14 anos). Por incrível que pareça, os russos estavam decepcionados durante a *Perestroika*, por acreditarem que financiavam os outros povos e eram acusados de dominadores, uma frustração que o esperto e alcoólatra Iéltsin soube explorar.

Em fevereiro de 1988 tiveram início enfrentamentos violentos intercomunitários, provocados por supostos favorecimentos a trabalhadores "de fora". Isto se dava em consequência da deterioração das condições sociais e da luta das lideranças republicanas pelo controle dos recursos econômicos, nos marcos da descentralização, que confundia as competências entre os ministérios federais e as regiões. Em Sumgait, subúrbio petrolífero de Baku, os azeris massacraram trabalhadores armênios, provocando a intervenção do exército e o êxodo de minorias das duas repúblicas do Cáucaso. Em abril de 1989, uma manifestação nacionalista foi reprimida na Geórgia com violência, e dois meses depois os uzbeques massacraram minorias no Vale de Fergana, seguindo-se confrontos no Cazaquistão e no Quirguistão (Ásia Central). Frentes Populares nacionalistas surgiram, primeiro enfocando na cultura, depois na autonomia, nos países bálticos em 1988, enquanto as minorias locais organizavam o *Interfront* para se protegerem dos nacionalistas. Em dezembro de 1989, quando os regimes do leste caíram, Gorbachev publicou os itens secretos do Pacto Ribbentrop-Molotov, de 1939. Lituânia, Letônia e Estônia se sentiram, então, legitimadas para solicitar a independência, o que gerou, posteriormente, um incidente armado na primeira.

POR QUE O SOCIALISMO RUIU?

É importante considerar que, ainda que houvesse ressentimentos nacionalistas adormecidos, o que serviu de elemento catalizador dos conflitos foi a apropriação local do poder, tendo em vista o enfraquecimento do centro e a disputa por recursos. Se olharmos um mapa populacional, pode-se perceber que *todas as repúblicas* eram multiétnicas e que a mobilização se deu pelas lideranças *administrativas*. Os russos que viviam na Ucrânia e no Cazaquistão não se mobilizaram em favor de Iéltsin, e sim acatavam as autoridades locais, pois ali viviam há várias gerações. Da mesma forma, milhões de funcionários não-russos de cargos federais exercidos dentro da República Russa tampouco foram molestados. Quando o Partido foi enfraquecido, o que passou a contar foi a máquina estatal e a disputa entre projetos sociais diferentes (reformistas e socialistas). (D'ENCAUSSE, 1993).

A maioria dos conflitos e tensões étnicas aconteceu após as independências, especialmente naqueles Estados que se autodefiniram como *étnicos* (bálticos, Geórgia). O problema da Ucrânia, por exemplo, não era com seus russos, mas a relação com a Rússia de Iéltsin e suas reformas e perseguição ao PCUS em 1990-1991. Após 1992, foi a partilha dos recursos econômicos (a economia era transfronteiriça), das indústrias militares, das forças armadas e a representação internacional (a Rússia foi considerada única herdeira da URSS pela ONU). O nacionalismo passou a ser uma forma de legitimar o poder em cada república. O presidente ultranacionalista do Turcomenistão independente, Nyasov, liderou até morrer o mais antirrusso, corrupto e autoritário regime pós-soviético. Mas ele era casado com uma russa, e a família seguiu tendo passaporte da Federação Russa, e o país é um dos mais íntimos aliados da OTAN, pois faz fronteira com o Irã e o Afeganistão.

Outro exemplo é o do Cazaquistão, que possuía um território imenso e rico em recursos naturais, mas uma população pequena, em que os cazaques eram apenas 38%, menos que os russo-ucranianos. Como as demais repúblicas da Ásia Central, ficou independente contra sua própria vontade, pois dependia das

4. DE BERLIM A MOSCOU: QUEDA DO PCUS E FIM DA URSS (1990-1991)

transferências financeiras de Moscou. Era preciso se proteger de Iéltsin. Mas com seus recursos naturais imensos, tornou-se próspera e estável, desenvolvendo um nacionalismo defensivo para não perder a metade norte do país, onde os russos seguiram tendo um lugar de destaque, mesmo que alguns tenham emigrado por razões familiares.

Voltando ao campo socioeconômico, a maioria da sociedade soviética sofria, em 1990, os efeitos da desorganização econômica criada pela *Perestroika*. Surgiu, então, criada por intelectuais marxistas (Kosolapov, Ampilov, Iarin e outros) a Frente Unida dos Trabalhadores, fora da estrutura oficial, enquanto os nacionalistas se organizavam nas Frentes Populares. Mas os operários, que haviam promovido a greve dos mineiros, organizaram a Federação Sindical Independente Russa. Os conflitos escapavam aos tradicionais mecanismos de controle soviético, que já não funcionavam. O caos econômico crescia e o PIB encolhia: em 1989 crescera só 2%, em 1990 foi de -4% e em 1991 de -8%, com a inflação atingindo 14%.

Preocupado com a situação socioeconômica e a perda de controle político, Gorbi solicitou dois planos econômicos, conhecidos pelos nomes dos coordenadores das equipes: economistas radicais elaboraram o Plano Shatalin, de passagem rápida ao mercado, e tecnocratas do governo elaboraram o Plano Rijkov, de transição gradual e manutenção de mecanismos governamentais de controle. Descontente com os dois, pediu a Abel Aganbegyan que elaborasse uma síntese de ambos, aprovando-a, mas a Rússia de Iéltsin adotou o Plano radical de Shatalin (SEGRILLO, 2000, 47). Insatisfeitos, os aliados liberais de Gorbachev se afastaram e ele chamou pessoas mais "conservadoras" no segundo semestre, visando buscar um novo equilíbrio contra Iéltsin. Mas, assim procedendo, foi acusado pelos liberais de "abandonar as reformas".

1991: PLEBISCITO, GOLPE/CONTRAGOLPE E DESINTEGRAÇÃO DA FEDERAÇÃO

No primeiro semestre de 1991, todas as 15 Repúblicas Federadas haviam proclamado sua "soberania", isto é, que suas leis teriam precedência sobre as da União, o que não significava, ainda, "independência". Mas para um sistema como o socialismo soviético, a situação se tornara insustentável, e não apenas por razões políticas. O sistema econômico era baseado em um planejamento central, com cadeias produtivas estabelecidas por todo território de 22 milhões de quilômetros quadrados, o maior do mundo (um sexto das terras emersas). À medida em que avançava o "desgoverno" de Gorbachev, mais as Repúblicas federadas buscavam controlar seus recursos, segurando as mercadorias escassas e reduzindo ou até bloqueando os fluxos logísticos normais da economia. E o centro cedia-lhes mais poder, esperando em troca maior cooperação, mas o problema apenas se agravava e as regiões obedeciam cada vez menos, inclusive impondo tributos internos. Um mesmo produto dependia de matérias-primas localizadas em determinadas repúblicas, fontes de energia que se encontravam em outras e as indústrias em outras ainda, com linhas de transporte que passavam por várias regiões (LAVRI-SHEV, 1968). A URSS sofria, em 1990-1991, de falta de autoridade e de colapso logístico, tal qual a Rússia czarista em 1916-1917, e a história iria se repetir.

A reforma econômica não era mais, portanto, o único problema, pois o Estado estava entrando em colapso, e sem Estado, não há mercado. A busca de um novo pacto federativo adquiria urgência, mas ele estava mesclado com a luta pela reforma. Gorbachev recorreu ao FMI, pois nada obtivera em troca da cessão do Leste Europeu, apenas conselhos para realizar uma reforma de preços. Seus aliados ocidentais começavam a evitá-lo, e a pressão interna pela terapia de choque crescia. Mas grande parte de seu grupo de apoio, reformulado em fins de 1990 com "conservadores", achava tal estratégia uma loucura. Em março de 1991 ele revogou o controle governamental dos preços, e em abril foi aprovada uma lei

4. DE BERLIM A MOSCOU: QUEDA DO PCUS E FIM DA URSS (1990-1991)

admitindo a propriedade privada e a reforma agrária (descoletivização). Muitos consideravam tal estratégia (ou falta dela) como um verdadeiro salto no desconhecido.

À bem da verdade, o Ocidente preferiu Gorbachev "como o menos pior", até o Golpe de agosto, mas também estava preocupado com o declínio de sua autoridade. Especialmente os Estados Unidos temiam a instabilidade militar, geopolítica e econômica que um brusco colapso da URSS poderia provocar. Afinal, diferentemente da Iugoslávia em Guerra Civil, tratava-se aqui de uma potência nuclear, cujo governo não era mais adversário. O armamento estratégico estava disseminado pelo território (nas mãos de um exército em decomposição) e os mísseis balísticos intercontinentais (ICBM) com ogivas atômicas estavam estacionados em quatro repúblicas: Rússia, Bielorrússia, Ucrânia e Cazaquistão. A desordem na URSS preocupava os americanos e os europeus, que recém estavam digerindo os ganhos no Leste da Europa . O Secretário de Estado americano James Baker, quando esteve em Kiev, se recusou a receber uma delegação separatista, dizendo que a URSS agora tinha uma liderança reformista, que não deveria ser debilitada e com quem poderiam discutir o problema.

Enquanto isso, Iéltsin nomeava elementos pró-mercado (que abandonavam o governo central), os quais consideravam que seu controle sobre a Rússia permitiria um rápido processo de privatizações, o que as repúblicas mais ricas já haviam percebido. A consequência foi a aglutinação da tensão latente em torno de bandeiras separatistas, nacionalistas e étnicas. Iéltsin foi eleito, por sufrágio universal, presidente da Federação Russa em junho de 1991, um cargo criado em abril daquele ano, através de um acordo com Gorbachev, em troca do apoio ao Tratado da União, que este queria aprovar. Iéltsin tinha, agora, um mandato popular direto, de que Gorbachev carecia, e se sentiu empoderado para lançar a batalha decisiva: implantar a passagem ao capitalismo, fase radical da *Perestroika*. A Rússia tinha 50% da população, mas 75% dos recursos naturais, da superfície e da economia, e acreditava não necessitar das demais repúblicas. Mas, para isso, Iéltsin teria de se livrar da União Soviética e agir apenas na

Rússia, onde tinha poder para tanto, pois no plano federal havia o PCUS, as forças armadas, a KGB e os sindicatos, que resistiam às mudanças. Algumas repúblicas menores, como as três bálticas (desenvolvidas), a Geórgia e a Moldávia estavam dominadas por forças separatistas e compactuavam com a narrativa russa. Já as da Ásia Central, Cáucaso e Bielorrússia dependiam do governo central e desejavam a manutenção da URSS, enquanto a Ucrânia se sentia ultrapassada pelos acontecimentos e não tinha uma estratégia definida.

Em meados de 1991, enquanto Gorbi ia à reunião do G-7 (os sete maiores países capitalistas industriais) pedir ajuda e voltava de mãos vazias, o ex-comunista Boris Iéltsin interditava a atuação do Partido Comunista em todas as instituições públicas russas. Gorbachev estava concentrando seus esforços para obter um novo Tratado da União, ou pacto federativo, para estabilizar a situação, e em novembro de 1990 e março de 1991 ele elaborou e apresentou propostas aos líderes republicanos, cada uma delas conferindo-lhes mais poder. A de março, inclusive, foi submetida a plebiscito, com 76% de votos favoráveis à manutenção da URSS como uma federação renovada. Os líderes das pouco povoadas Geórgia, Armênia, Moldávia e das três bálticas simplesmente proibiram o plebiscito, o que não mudaria o resultado proporcional, mas demostrava que já não obedeciam mais a Moscou (BROWN, 2004).

Entre abril e junho ele realizou longas e cansativas rodadas de negociação em Novo Ongarevo, discutindo com os líderes republicanos um novo Tratado para o estabelecimento de uma "União de Estados Soberanos". O Tratado foi concluído e seu espírito era conceder maior autonomia às repúblicas e a partilha de recursos econômicos da União entre elas (proporcionalmente à população), sem, entretanto, desmembrá-lo. Ora, tratava-se de um mecanismo que poderia equilibrar as forças centrífugas, o que desagradou as repúblicas mais ricas, geralmente possuidoras de uma população menor. Mas o enfraquecimento do PCUS eliminou o único mecanismo que mantinha unida uma população heterogênea. Iéltsin ainda tentava modificar o Tratado da União

4. DE BERLIM A MOSCOU: QUEDA DO PCUS E FIM DA URSS (1990-1991)

para poder controlar as receitas da Federação Russa, o que seria, concretamente, o fim da URSS. A assinatura foi marcada para o dia 20 de agosto, após as férias de verão.

Na manhã de 19 de agosto de 1991 (um dia antes da assinatura), um grupo de assessores de Gorbachev, face ao descalabro da situação, formou o Comitê Estatal para o Estado de Emergência (CEEE). Estavam seriamente preocupados com o que percebiam como a rendição de Gorbachev a Iéltsin. Na estância balneária onde se encontrava em férias, Gorbachev foi informado das tratativas e aconselhado a passar temporariamente o poder ao vice-presidente, Guennadi Ianaev, que proclamaria a lei marcial, poria ordem em tudo e evitaria o colapso do Estado. "Nada lhe é exigido, faremos todo trabalho sujo por você", disse-lhe Oleg Blakanov, do Conselho de Defesa. Além deles, o comitê era integrado pelo primeiro-ministro Valentim Pavlov, por Tizyakov (da Associação de Empresas Estatais), Vladimir Kryuchkov (chefe da KGB e discreto idealizador da ação), Dimitri Yazov (Ministro da Defesa), e Vassily Starodubtsev (da União dos Agricultores Soviéticos). O presidente do Soviete Supremo da URSS, Anatoly Lukyanov, apoiou o grupo. A maioria deles havia sido nomeada por Gorbi no ano anterior (SEGRILLO, 2000, 55).

A posição de Gorbachev, alienado da realidade, foi hostil, mas a ideia não era a sua derrubada. Com pouca firmeza, os vacilantes membros do CEEE fizeram uma Declaração ao Povo Soviético pela agência de notícias TASS, que dizia: "surgiram forças extremistas que [fomentam] a liquidação da URSS, o colapso do Estado e a tomada do poder". Denunciava as reformas econômicas de "aventureiros que [provocaram] queda acentuada nos padrões de vida da população e no florescimento da especulação e da economia-sombra", apelando por um maior debate público de um novo Tratado da União. Entretanto, os "democratas" falavam e agiam livremente, voltados para o Ocidente e para o público interno, se entrincheirando no parlamento, que não foi tomado pelo CEEE (apud KEERAN & KENNY, 2008).

O estranho e mal articulado "Golpe de Estado" (inclusive com os soldados desarmados), desencadeado pelo segundo escalão do

POR QUE O SOCIALISMO RUIU?

grupo gorbacheviano, procurou deter o processo de desagregação do país (sem abandonar as reformas). O Estado de Emergência só foi aplicado a Moscou, Leningrado e países bálticos, com a proibição de manifestações e controle incompleto da mídia, com as conexões com o exterior seguindo abertas. Na verdade, não se tratava de um *golpe*, porque constituía a utilização de um dispositivo constitucional pelo próprio governo. Mas foi suplantado pelo contragolpe mais bem articulado de Iéltsin, que congregou simpatizantes em frente à Casa Branca, enquanto tanques rodavam pelas ruas sem reprimir os manifestantes nem cortar as comunicações ou prender adversários. Inclusive, recrutas desarmados foram tirados pelos cabelos de dentro dos tanques pelos apoiadores de Iéltsin, que agia de forma determinada, enquanto as instituições e os golpistas não demonstravam muita convicção e vacilavam.

Os objetivos do CEEE não estavam claros nem havia suficiente vontade política, apostando-se em um desfecho sem violência para o adiamento da assinatura do Tratado da União, e não havia clima nem organização para uma "solução chinesa". A população, abatida por uma década de estagnação e incerteza gerada pelas reformas, permaneceu observando apática a disputa entre cinzentos burocratas e um líder demagogo, com o fantasma de um Gorbachev desgastado ao fundo. Estavam mais preocupados em correr para os mercados e se abastecer, pois recém estavam retornando das longas férias de verão. Basta ver que as imagens de manifestantes eram sempre as mesmas, em frente à Casa Branca (20 mil numa cidade de 8 milhões), mas Iéltsin ganhou por sua ousadia, pela debilidade dos golpistas e algo mais. Sem dúvida que, desencadeada a ação, os serviços de inteligência ocidentais passaram a apostar nele, e já se haviam infiltrado na União Soviética nos últimos anos, o que antes da *Perestroika* era extremamente difícil, devido ao controle estatal sobre quase tudo.

Dia 21 de agosto o golpe já havia fracassado (um membro do CEEE se suicidou), e dia 23 Gorbachev retornou a Moscou para reocupar seu posto, mas encontrou um mundo totalmente diferente, como se tivesse feito uma viagem no tempo. As imagens da

4. DE BERLIM A MOSCOU: QUEDA DO PCUS E FIM DA URSS (1990-1991)

época falam por si, com o presidente da URSS confuso, temeroso e ignorado, e o enérgico e sorridente presidente da Rússia dando as cartas. Iéltsin obrigou Gorbachev a nomear seus aliados para o governo, tornar o Partido Comunista ilegal e a confiscar todos os seus recursos e propriedades. Ele ressurgiria depois, menor e dependente da contribuição popular, como Partido Comunista da Federação Russa, mas haveria outros partidos comunistas menores.

Nesse contexto de impotência e decomposição do governo central, repúblicas federadas proclamaram suas independências (algumas a serem confirmadas por plebiscito, outras não) e se apropriaram do patrimônio da União localizado em seu território. Algumas delas eram lideradas por nacionalistas separatistas liberal-conservadores, e outras por comunistas que apenas agiam reativamente, desejosos de evitar a caça às bruxas desencadeada por Iéltsin. Uma tentativa de firmar um Acordo em Alma-Ata (Cazaquistão) criando uma "Comunidade" foi assinado por apenas oito Repúblicas em 18 de outubro. Então, Iéltsin tomou a tarefa em suas mãos e, devido às divergências e à própria confusão reinante, reuniu os presidentes das três repúblicas eslavas em Minsk em 8 de dezembro. Rússia, Ucrânia e Bielorrúsia se retiraram conjunta e formalmente da URSS e criaram a Comunidade de Estados Independentes (CEI). Dia 21 de dezembro, em Alma-Ata, as outras aderiram ao Tratado, com exceção das bálticas e da Geórgia (que estava em guerra civil). Importante ressaltar que as iniciativas foram tomadas por Iéltsin, uma vez que o governo soviético era apenas um fantasma.

Dia 25 de dezembro de 1991, em pleno Natal, Gorbachev renunciou e passou o poder para Iéltsin. No dia seguinte foi oficializada a dissolução da União Soviética em uma reunião do Soviete Supremo, que contou com a presença de apenas 30 deputados. Gorbachev se revelava uma figura patética. Segundo Iéltsin,

> antes de renunciar, Gorbachev apresentou uma lista de exigências, seu 'pacote de compensação'. (...) Ele queria uma pensão igual a um salário presidencial indexada pela inflação,

POR QUE O SOCIALISMO RUIU?

um apartamento presidencial e uma casa de campo, um carro para si e para sua esposa. Mas, acima de tudo, ele queria uma fundação, um grande edifício no centro de Moscou, a antiga Academia de Ciências Sociais e, com ela, serviço de transporte, equipamento de escritório e guardas de segurança.[11]

Gorbachev, inicialmente um ídolo soviético e mundial como reformador da URSS, conduziu-a ao colapso, fez essas exigências para ter sua Fundação e depois concorreu à presidência da Rússia, obtendo 1% dos votos. Em um comício foi esbofeteado por uma senhora, "pelo que você fez com nosso país", disse ela, e ele comemorou seus 80 anos, em 2011, não na Rússia, mas num jantar com a elite britânica no Reino Unido, com seus agradecidos admiradores. Já o democrata Iéltsin, quando o parlamento não aprovou suas medidas, em 1993, dissolveu-o, mas os deputados resistiram na Casa Branca e demitiram o presidente. Os papeis se invertiam, pois ele cercou o mesmo prédio onde resistira em 1991 e, ao contrário dos golpistas de então, ordenou que os blindados bombardeassem o prédio. O descalabro social, econômico e político vivido pelo povo russo foi ilustrado para o mundo por cenas ao vivo na TV em que o presidente apalpava as secretárias e caia bêbado em cerimônias públicas. Estava, literalmente, "embriagado pelo poder". Para não falar da humilhação e brutalidade da Guerra da Chechênia. Em 1999, quando a Duma (parlamento) reuniu votos suficientes para propor seu *impeachment* por corrupção, ele esperou os feriados de Ano Novo e renunciou, nomeando seu primeiro-ministro Vladimir Putin como presidente, em troca de imunidade para ele, a família e um grupo de aliados.

---

[11] Yeltsin, B. *The struggle for Russia*. New York: Times Books, 1995, p. 120 apud Segrillo, 2000.

4. DE BERLIM A MOSCOU: QUEDA DO PCUS E FIM DA URSS (1990-1991)

Do desmembramento da URSS surgiram quinze novos países: Rússia, Ucrânia, Bielorrússia, Moldova (eslavos); Estônia, Letônia, Lituânia (no Báltico); Armênia, Geórgia, Azerbaijão (no Cáucaso); Cazaquistão, Uzbequistão, Turcomenistão, Quirguistão e Tadjiquistão (na Ásia Central Muçulmana). É importante lembrar que as cinco repúblicas da Ásia Central, a Armênia e a Bielorrússia foram, até o fim, contrárias ao desmantelamento da URSS, e se tornaram independentes contra a vontade de seus povos e dirigentes, pois dependiam financeiramente do governo central e não desejavam reformas. A Ucrânia, que desejava um *status* equivalente ao da Rússia na URSS, e havia jogado com o nacionalismo, foi ultrapassada pelos acontecimentos e não avançou muito nas reformas (GRAZIOSI, 2008).

A desintegração da URSS não foi, portanto, o resultado de um conflito étnico ("nações"), porque as novas Repúblicas eram, também, unidades administrativas plurinacionais. 25 milhões de russos ficaram em outras repúblicas e não criaram grandes problemas quando das "independências". Apenas reagiram quando foram considerados cidadãos de segunda classe em outras Repúblicas, e a Federação Russa tem milhões de ucranianos e de povos de outras Repúblicas. A União Soviética se desintegrou não por ser uma "prisão dos povos", mas porque *Gorbachev separou o Partido do Estado*, abandonando o primeiro e tentando forjar uma base de poder no segundo, criando o cargo de Presidente da URSS. O que gerava a unidade do maior país do mundo era o pertencimento a um projeto comum de transformação política, que propiciava a formação de um *Homo Sovieticus*, não apenas uma estrutura político-administrativa. Assim, a razão para o colapso se encontra no enfraquecimento do poder central e no entrincheiramento de grupos nas unidades federadas. O clímax ocorreu após Iéltsin decidir retirar a Rússia da União (e, portanto, acabar com ela) e institucionalizar a reimplantação do capitalismo na Rússia, onde tinha poder para tanto.

Por essa razão Putin manobra incessantemente tentando forjar uma "identidade nacional russa", revivendo a Igreja Ortodoxa e elementos alegóricos da época czarista, mesclando-os com o legado soviético. A Ucrânia não conseguiu definir uma nação, da mesma forma que na Ásia Central a questão é utilizada apenas para lidar com um poder frágil[12]. O que Moscou deseja é a criação de um espaço supranacional onde os Estados herdeiros da Rússia czarista e da URSS possam viver e cooperar nos campos da economia, da defesa, da diplomacia e da cultura comum, frente a um sistema internacional adverso. Não deve ser fácil conseguir um espaço seguro e estável entre o poder militar, diplomático e financeiro dos Estados Unidos e o poder econômico e populacional da China.

---

[12] As Repúblicas da Ásia Central se tornaram independentes contra a vontade, pois dependiam da transferência de recursos financeiros da União e não possuíam quadros suficientes para montar, abruptamente, um Estado. Por exemplo, quase não possuíam diplomatas.

5. DEBATES ATUAIS E PERSPECTIVAS FUTURAS

Tudo ocorreu muito rápido; no início de 1989 o mundo era um, no final de 1991 era outro, completamente diferente. Dizia-se ser o fim do comunismo e o nascimento de uma Nova Ordem Mundial de paz, democracia e prosperidade. De fato, com a queda do socialismo no Leste Europeu (que possuía um modelo soviético de socialismo) e o colapso da URSS, 420 milhões de pessoas deixaram de viver sob este sistema (140 e 280, respectivamente). Todavia, 1,4 bilhão seguiam vivendo sob o comando de Partidos Comunistas, com regimes socialistas, na Ásia Oriental e em Cuba. E ficavam perguntas no ar: 1) Por que ele ruiu na Europa, mas não na Ásia, e qual foi o impacto para a esquerda democrática no Ocidente? 2) Como ficaram as sociedades e sistemas político-econômicos nos países ex-socialistas? 3) O mundo se tornou mais seguro e estável com o fim da Guerra Fria e da "ameaça soviética"? 4) Por que os países que abandonaram o socialismo se tornaram, tempos depois, antiliberais, populistas e ultranacionalistas?

O socialismo soviético constituiu o primeiro sistema pós-capitalista da História e, assim como a Revolução Russa que lhe deu origem, estava associado à Segunda Revolução Industrial fordista. Coincidiu com o "Século Americano", no qual os Estados Unidos também se baseavam no mesmo modelo produtivo de Ford. Quando, nos anos 1970, teve origem uma Revolução Científico-Tecnológica (Terceira Revolução Industrial) no Ocidente, a URSS foi ficando para trás. Na mesma época a China, como lembrou Henry Kissinger em seus dois últimos livros (*A Ordem Mundial* e *Sobre a China*), contribuiu diretamente para as dificuldades e colapso da União Soviética. Houve até guerra entre países socialistas, pois em 1979 o Vietnã interveio no Camboja (contra os ataques armados do regime de Pol Pot) e a China, em resposta, invadiu o Vietnã, sendo repelida após perder 60 mil soldados.

A "Pátria do Socialismo", que nunca abandonou totalmente a matriz estalinista, existiu sob condições bastante adversas e adquiriu um formato militarizado, embora com a universalização dos bens públicos para toda a população, o que foi inédito, historicamente. Seu "desafio" não foi apenas militar, mas psicossocial, pois contribuiu para o avanço da legislação trabalhista no Ocidente, mas que foi usado para desarticular os movimentos socialistas. E o declínio do sistema soviético coincidiu, justamente, com o retrocesso mundial do *Welfare State* (Estado de Bem-estar Social), gradualmente substituído pelo neoliberalismo a partir dos anos 1970. Assim, o colapso dos anos 1989-1991 está associado à histórica derrota da esquerda socialista em todo o planeta, algo que teve uma dimensão estrutural e mundial, mas principalmente interna à URSS.

O QUE PROVOCOU O DESMORONAMENTO DO SOCIALISMO DE TIPO SOVIÉTICO?

POR QUE OCORREU O COLAPSO DO LESTE EUROPEU E DA URSS?

O sistema soviético, como dito no início do livro, parecia ser forte, mas se revelou frágil em sua queda. Fidel Castro, na época, desabafou: "a existência da União Soviética era tão segura como o nascer do sol, pois era um país tão sólido, poderoso e forte, que sobrevivera a provações extremas". De fato, o socialismo soviético havia eliminado as antigas elites, industrializou e urbanizou o país, derrotou o III Reich e modernizou a sociedade em uma perspectiva coletivista, com bem-estar social e consumo básico. O historiador Roger Keeran, professor da Universidade de Nova Iorque, e o economista norte-americano Thomas Keeny, produziram uma análise original e polêmica sobre a queda da URSS,

5. DEBATES ATUAIS E PERSPECTIVAS FUTURAS

baseada nas contradições internas do próprio sistema (*Socialism Betrayed, behind the collapse of the Soviet Union*, 2008). Segundo eles, "em cinquenta anos o país passou de uma produção industrial que correspondia a apenas 12% da dos EUA para uma produção industrial de 80% e uma agrícola que equivalia a 85% da [americana]. Embora o consumo soviético *per capita* permanecesse mais baixo que nos Estados Unidos, nenhuma sociedade tinha até então elevado o nível de vida e o consumo para toda a população num período de tempo tão reduzido" (p. 12).

O capitalismo norte-americano sobreviveu a Herbert Hoover, o presidente Republicano que precipitou os EUA na Grande Depressão de 1929, mas por que a URSS não sobreviveu a Gorbachev? Segundo os autores acima, a dimensão subjetiva é mais importante para o socialismo do que para o capitalismo. Este último já existia há séculos e crescia, enquanto o socialismo estava ainda em estágio inicial de construção. O primeiro apenas operava um sistema existente, consolidado e dominante, enquanto o segundo necessitava de um planejamento estratégico, onde a ação e a criação humanas são decisivas. Não há um mercado, com sua "mão invisível", que o conduza. No capitalismo a economia constitui a instância dominante, enquanto no socialismo a centralidade está na política. A queda do socialismo e a desintegração da URSS resultaram de algumas ações concretas, como a desarticulação do Partido por suas lideranças, a entrega dos meios de comunicação a personalidades e grupos antissocialistas, a privatização e abandono da propriedade pública e do planejamento, o separatismo e a subjugação voluntária diante das potências adversárias. Segundo os autores, "não foram insuficiências amorfas e abstratas do socialismo que 'causaram' esta política. A direção de Gorbachev no PCUS iniciou tudo isso como opções políticas conscientes" (p. 238).

Dentre as explicações sobre o colapso, as mais comuns são as que foram apontadas por Keeran e Kenny: a) vícios intrínsecos do socialismo, b) mobilização e oposição popular, c) fatores diplomático-militares e econômicos externos, d) contrarrevolução burocrática, e) falta de democracia e centralização excessiva e f) o fator Gorbachev. Sobre o primeiro ponto, muitos argumentaram que esse regime político "contrariava a natureza humana e estava destinado ao fracasso". Embora possa haver críticas à manutenção de mecanismos coercitivos da época da tomada do poder e deformações decorrentes da tensão da Guerra Fria, nada disso produziu a crise ou o colapso do regime por mais de 70 anos. Pelo contrário, foi a mudança que causou o colapso, referido por Putin como "a maior tragédia da história russa". Quanto à existência e mobilização de uma oposição popular, factualmente se observa que o descontentamento surgiu não no início, mas no final da *Perestroika*. Portanto, objetivamente, foi mais uma consequência do que sua causa.

A propósito dos fatores externos, ainda que tenham sido consideráveis, como foi visto, a URSS seguia forte como nas épocas de cerco e sanções que, aliás, foram mais a regra do que a exceção durante sua existência. Com relação à chamada contrarrevolução burocrática, pode-se argumentar que o elemento detonador do colapso foi a luta entre as facções de Gorbachev e Iéltsin. A elite Partido-Estado reagia aos acontecimentos e não os iniciava, porque as estruturas vigentes não permitiam isso. O problema maior foi a emergência e expansão de uma segunda economia, que envolveu (e corrompeu) parte da sociedade e do aparato político-administrativo, e não o Partido como instância decisória. Aqueles que agiram para implantar um sistema de mercado agiram com o apoio de uma parte da sociedade, contra outra parte da burocracia e da população.

Interessante e recorrente é o argumento de que a falta de democracia e a excessiva centralização seriam o fator principal. Ocorre se tratar de uma tese idealista e a-histórica, porque explica a evolução política pela aproximação ou distanciamento de um ideal. Os teorizadores deste argumento desconhecem a história da democracia liberal e da socialista. O liberalismo só gradualmente afirmou a democracia como valor (em geral quando desafiado socialmente), enquanto o socialismo sempre defendeu o governo das classes mais baixas. Mas, então, por que a população

5. DEBATES ATUAIS E PERSPECTIVAS FUTURAS

teria assistido passiva à destruição do seu "Estado dos trabalhadores"? Segundo Keeran & Kenny (2008),

> ocorreu de fato a resistência da classe operária, mas por que foi insuficiente? (...) A maioria de uma população de uma sociedade industrial avançada submeteu-se passivamente enquanto uma minoria transformou a riqueza comum em lucro privado e empobreceu o resto da população. (...) A aquiescência de uma população a políticas que comprovadamente não servem aos seus interesses constitui um fenômeno perturbador, bem conhecido nos países capitalistas, e é muito mais comum do que seria de supor. É uma acusação que se pode fazer tanto à democracia liberal como à socialista. Muitas das formas políticas soviéticas tradicionais – os jornais, os sovietes e o próprio PC – foram subvertidos por Gorbachov depois de 1985. Assim, ao passo que a maioria da população soviética ainda se opunha à privatização da propriedade, à eliminação do controle de preços e à ruptura da URSS, os modos tradicionais de expressão das opiniões estavam desaparecendo. [Além disso], é provável que a passividade dos trabalhadores tenha em parte acontecido porque ao mesmo tempo que Gorbachov e outros dirigentes comunistas provocaram a erosão do nível de vida da população, da segurança econômica e do próprio socialismo, prometiam aos trabalhadores um socialismo melhor, [mas] os privavam das próprias instituições através das quais eles tinham antes exprimido os seus pontos de vista" (Ibid, p. 272-3).

Por fim, há os que veem em Gorbachev apenas um traidor ou um elemento sem ideologia, que apenas perseguia o poder. Mesmo tentadora, esta tese tem alguns problemas, pois ele não agiu sozinho e havia um contexto e uma base político-social de apoio. Ao se afastar dos projetos de Andropov, ele se aproximou de antigas teses opostas do Partido, defendidas por Bukharin e Krushov. E as ideias e ações ganharam expressão no quadro dos interesses do setor dinâmico (mesmo que parasitário) vinculado às atividades privadas ilegais ou legalizadas. Na mesma linha, tentar identificar uma agenda prévia e ações premeditadas não condiz com a realidade. Os indícios mais evidentes

> parecem apontar para um líder superficial que agiu impetuosa, impulsiva e contraditoriamente. Embora as políticas de Gorbachov tenham, em última análise, formado um padrão de capitulação aos interesses internos, liberais e corruptos, e à pressão imperialista externa, isto no início não era evidente. O farol que orientou os seus passos foi o oportunismo e não um plano ou desígnio premeditados. Não foi a história da traição de um só homem, mas, antes, a história do triunfo de uma certa tendência no interior da própria revolução (Ibid, p. 274).

A estas polêmicas respostas aos clichês geralmente difundidos, há que acrescentar outros elementos, como o eventual atraso científico-tecnológico soviético (SEGRILLO, 2000). A URSS possuía cientistas qualificados, laboratórios avançados e gerava inovação tecnológica. Mas o setor militar, que agora abarcava mísseis, aviões supersônicos, submarinos nucleares, satélites e um exército imenso, absorvia a maior parte do investimento em inovação, o qual, nos EUA, eram transferidos para a indústria privada de bens de consumo. Ela, por sua vez, gerava recursos que ajudavam a financiar a pesquisa empreendida pelo setor de Defesa (keynesianismo militar). No outro lado da "cortina de ferro", por exemplo, a informática era desenvolvida, especialmente, na Alemanha Oriental, mas os computadores eram para uso de empresas, administração governamental e universidades. No Ocidente, os computadores eram adquiridos por particulares (*personal computer*), com jogos, aplicativos e outros itens, os quais contribuem para o financiamento da pesquisa e inovação, ganhando economia de escala.

Outro ponto, descrito ao longo do trabalho, é que o planejamento passa a ser mais difícil, a medida em que a economia se desenvolve e se torna mais complexa. E as reformas se tornavam necessárias e cada vez mais urgentes, porque o capitalismo estava ingressando na Terceira Revolução Industrial. Mas a reação não foi bem-sucedida porque houve nova corrida armamentista, combinando-se com a maior demanda por consumo popular e pela corrosão político-ideológica do sistema. Desde os anos 1950, mas, sobretudo, a partir dos movimentos de 1968, a esquerda em geral e o próprio movimento socialista sofreram uma mutação profunda, que viria a ser fatal: ela perdeu seu objetivo e vontade de lutar (analisado adiante).

No tocante ao Leste Europeu, além dos fatores analisados serem os mesmos, há que mencionar o fato de que, apesar de terem obtido certa autonomia frente à Moscou (após 1956 não houve mais o terror estalinista), a existência dos regimes dependia de um delicado equilíbrio internacional. E bastou Gorbachev perder o interesse (e dar um empurrãozinho), para que eles caíssem. Enfim, os envelhecidos líderes do Leste Europeu entenderam o problema, mas não havia para onde fugir, enquanto os reformistas, equivocadamente, acharam que era possível adotar uma economia liberal e um sistema ainda autoritário. Seu modelo era a Coreia do Sul e sua ditadura militar modernizadora e bem-sucedida, uma vez que não tinham o peso e a independência da China. Depois acreditaram que era possível ampliar as bases políticas e manter o poder em um sistema multipartidário. O máximo que conseguiram foi manter sua posição social e econômica como parte de uma nova elite, exceto na Alemanha Oriental, onde havia um problema nacional, seu Estado foi absorvido pela Ocidental e ela foi marginalizada. Não havia razão para a existência de duas Alemanhas de mercado.

UM BALANÇO HISTÓRICO DO SOCIALISMO NAUFRAGADO

A Revolução Soviética foi o eixo aglutinador das tensões do século passado, dominando a agenda internacional. Por exemplo, ela constituiu um desafio social para o capitalismo, que adotou legislação trabalhista avançada, que funcionou como um freio às tendências revolucionárias de certos grupos de trabalhadores. Em que consistiu o socialismo soviético ("comunismo"), que geralmente é encarado por suas dimensões políticas autoritárias e deficiências econômicas? A vida das pessoas sob o socialismo é fantasiada por alguns como um inferno e por outros como um paraíso, mas ela era somente *diferente*. Segundo o professor austro-alemão Philipp Ther (2016), da Universidade de Viena, a paisagem alemã-oriental não era diferente da do vale do Ruhr, na Alemanha federal. Por outro lado, a cidade de Berlim, dividida, mostrava concepções urbanísticas e sociais diversas, que ainda são visíveis após trinta anos sem o Muro.

As viagens ao Ocidente eram restritas, mas o turismo era praticado dentro do bloco, e nem tudo era repressão a intelectuais ou dissidentes políticos. A vida era bucólica e sem sobressaltos para o cidadão comum, se não contestasse abertamente o regime. Os tempos difíceis da industrialização, guerras e reconstrução também foram penosos nos EUA: *todos* os nipo-americanos foram internados em campos de concentração por Roosevelt, tendo suas propriedades confiscadas, sem qualquer julgamento ou investigação. Apenas o presidente Clinton reconheceu a injustiça e "pediu desculpas" em nome do governo.

A vida individual era subordinada à coletiva, mas vale lembrar que isso também decorria da herança histórica de uma sociedade com séculos de centralização e autoritarismo, sem qualquer liberdade pessoal, e não apenas do socialismo. A participação política, mesmo limitada e induzida, existia no socialismo. O consumo básico e os serviços públicos eram universais e garantidos, pois deles dependia a legitimidade do regime. Contudo, quanto mais obtinham, mais desejavam ter, especialmente a partir das reformas de Krushov. As Igrejas, por sua vez, perderam seu poder político e patrimônio, mas a religião era permitida como ato de espiritualidade, embora fosse malvista pelo sistema.

O controle da população não ocorria somente pela repressão da polícia comum e secreta ou os campos de trabalho forçado, pois a população, em sua maioria, deveria fazer parte de alguma organização social, nas escolas, locais de trabalho ou de residên-

5. DEBATES ATUAIS E PERSPECTIVAS FUTURAS

cia. As crianças atuavam nos grupos de Pioneiros (como os Escoteiros), os jovens nas Juventudes Comunistas (*Komsomol*), havia a Federação de Mulheres, os Sindicatos de trabalhadores e a Federação de Escritores e Artistas para os intelectuais. Já o Partido era para os que se destacassem, havendo Comitês de moradores (para questões logísticas e de controle), em que o Partido chegava às bases da sociedade. O esporte era universal, recrutando-se atletas em uma base ampliada, que se tornavam campeões em medalhas. Não era profissão, como aqui, mas uma atividade social e, no exterior, uma ação política para "demonstrar a superioridade do sistema" sobre o capitalismo.

Cotidianamente havia bibliotecas, parques, cinemas, teatros, museus, círculos de leitura e jogos, atividades das quais a população participava. O cinza estava mais nos olhos de quem via do que no cotidiano deles, ao menos até conhecerem outras formas de vida. Os mais desconfortáveis eram, paradoxalmente, da elite intelectual ou pessoas de projeção, que tinham um "teto" limitador de ascensão social, pois a sociedade era moldada para atender, predominantemente, às necessidades dos trabalhadores e da baixa classe média. Ou eram pessoas que descendiam da elite pré-revolucionária. Hoje, no Leste Europeu, há um alívio pelo fim do comunismo, mas não é o caso da Rússia, pois havia o sentimento de ter construído uma potência respeitada (ou temida), que liderara a corrida espacial e os esportes, e que agora não mais existe, pois o Ocidente ainda rejeita a Rússia. Atualmente há uma liberdade (ou desorganização) que implica competição, para a qual não estavam preparados, o que explica a nostalgia em relação a uma vida real ou imaginada no passado.

O sistema soviético realizou um desenvolvimento autônomo que, mesmo criticado, obteve êxito econômico, sobretudo se considerarmos que, devido aos períodos de guerra e reconstrução, quase não houve condições de normalidade. Isto ocorreu em um grande país relativamente fechado, apesar dos custos e distorções, sem o endividamento e a pilhagem dos recursos de outras nações. Essa industrialização, que não seguiu os parâmetros liberais, permitiu à URSS se tornar uma superpotência e manter uma competição político-militar estratégica com os Estados Unidos e a OTAN, paralelamente à elevação do padrão de vida da população. O planejamento se mostrou eficaz como modelo de alocação de recursos escassos durante o *take off* da economia, e apenas perdeu dinamismo quando o desenvolvimento criou uma estrutura de produção e consumo muito complexas (NOVE, 1984, HUNT e SHERMANN, 1977).

Dentre os fatores que bloquearam a formação de estruturas democráticas autônomas, além da tendência militarizada inerente aos partidos comunistas, identifica-se a tradição autoritária e o atraso das sociedades onde o sistema foi implantado. Houve também os efeitos de uma tensão externa permanente, que transformou esses regimes em uma espécie de fortalezas sitiadas, onde a dissidência era encarada como traição em favor do inimigo. As invasões e o cerco sofrido pela URSS ao longo da história levaram-na a uma exagerada prudência, permitindo o sacrifício de outras revoluções quando necessário para sua própria segurança. Em decorrência dos resultados da Segunda Guerra Mundial, a URSS buscava se integrar à ordem internacional não como Revolução, mas como Estado-nação, mas as duas dimensões eram inseparáveis. Assim, a *Pátria do Socialismo* se transformou na *outra superpotência*. Com a iniciativa estratégica e liderando o sistema mundial capitalista, os EUA mantiveram a URSS em posição defensiva e reativa (FERNANDES, 1991 e 2017).

Através de um apego quase paranoico à sua segurança, o Kremlin buscou administrar diplomaticamente sua natureza antagônica, freando os movimentos revolucionários quando sua posição era respeitada, estimulando-os ao se ver ameaçada. Mas a unidade do movimento comunista sofreu uma erosão progressiva, e o mundo bipolar foi se tornando um sistema cada vez mais multipolar. A emancipação das colônias globalizou o sistema *westfaliano* de Estados-nação e o nacionalismo se tornou uma nova força mundial, que não pôde ser controlada por Washington nem por Moscou. Mas a Guerra Fria continuou sendo o vetor dominante da política internacional. No final do século, com a transformação do modelo fordista de produção, que embasou tanto a economia norte-americana como soviética, a URSS foi sendo ultrapassada. O sistema capitalista deu início à implantação de uma nova economia, com a revolução tecno-científica e a globalização neoliberal, o que fez com que os EUA, embora tendo perdido dinamismo, seguissem liderando um sistema em renovação, enquanto a URSS se mostrou incapaz de se reformar, ao contrário da China. A abertura de Gorbachev ao capitalismo mundial deixou a formação social soviética vulnerável a uma dinâmica que, para ela, era incontrolável. O socialismo foi um antissistema, mas não conseguiu criar um sistema econômico mundial alternativo ao capitalismo. Os Estados Unidos eram um Estado que controlava uma vasta periferia, sendo o coração de um sistema mundial, enquanto a União Soviética era um Estado com uma pequena periferia, mantendo apenas um sistema regional.

COMO O SOCIALISMO SOBREVIVEU NA ÁSIA E EM CUBA? O QUE É HOJE?

O SOCIALISMO REMANESCENTE APÓS A QUEDA DA URSS

Com o desaparecimento do campo soviético, restaram como países socialistas apenas Cuba, Coreia do Norte (ambos sob a severa pressão norte-americana), Vietnã, Laos e China. Os dois primeiros associavam o capital internacional às empresas estatais, enquanto os três últimos introduziam reformas econômicas de mercado, mas todos conservavam os regimes políticos baseados no Partido-Estado de inspiração leninista. Nesses países, internamente, o próprio mercado se tornou um risco à manutenção do regime, enquanto externamente propicia um instrumento de pressão sobre as grandes potências. Quem imaginaria que o FMI pediria à China para comprar títulos da dívida de nações europeias endividadas? (CLEGG, 2009).

Por que razão sucumbiram justamente os países mais industrializados do Socialismo Real? Esses países, nucleados em torno da URSS, por participarem mais ativamente do jogo internacional

POR QUE O SOCIALISMO RUIU?

da Guerra Fria, tiveram de fazer frente a demandas maiores do que teve a China, por exemplo. Não se pode perder de vista o fato de que o campo socialista geria uma base econômica de dimensão apenas regional, ao passo que o capitalismo se apoiava em uma economia mundial e, o que é mais importante, o sistema mundial funcionava dentro da lógica capitalista. Assim, a evolução do contexto mundial e a incapacidade interna de resposta a essa mudança foram mais decisivas do que a "estagnação" propriamente dita.

A China iniciou as reformas quando estava aliada com os EUA contra a URSS, foi auxiliada pelos americanos e contribuiu para a queda do socialismo soviético. Quando o Leste Europeu estava caindo, dispersou com violência os manifestantes da Praça da Paz Celestial (Tiananmen) e expurgou o segmento do Partido que os apoiava (como o Primeiro-Ministro Zhao Ziang). Mas manteve as reformas e aperfeiçoou os mecanismos de dominação política e gestão econômica do Partido Comunista, e até os empresários puderam se filiar ao PCCh (para não acabarem criando um partido próprio). Ao mesmo tempo em que internacionalizava sua economia, com projeto e cautela, resgatou elementos confucianos (ou seja, se tornou mais "asiática") e explorou o orgulho nacional, pois, após 150 anos de dificuldades, se tornava potência econômica. A China tinha uma imensa população camponesa que poderia se tornar operária urbana, e desenvolveu aceleradamente sua indústria, tecnologia, prosperidade social e, mais recentemente, capacidade de defesa. A estratégia chinesa é adaptável e a definição de seu regime constitui um campo de debate acirrado: socialismo de mercado, modelo asiático, capitalismo de Estado ou ditadura comunista? A China segue sendo uma esfinge indecifrável, com o Ocidente anunciando uma "Nova Guerra Fria", contra ela e também contra a "Rússia comunista" de Putin (*sic*!).

O Vietnã seguiu o mesmo caminho, buscando a posição de Tigre Asiático, internacionalizando sua economia com cuidado e aperfeiçoando os mecanismos de controle político do Partido Comunista. Interessante, a guerra de 1979 com a China não impediu a reaproximação dos dois países em 1992, com o objetivo de

5. DEBATES ATUAIS E PERSPECTIVAS FUTURAS

apoio recíproco aos regimes socialistas de ambos. Todavia, os vietnamitas não aceitam ser uma periferia do gigante chinês e, em 1995, restabeleceram relações com os Estados Unidos, recebendo investimentos, facilidades comerciais e apoio diplomático na disputa com a China por arquipélagos no Mar da China Meridional. Chama atenção a grande quantidade de turistas norte-americanos, inclusive nos museus militares. O pequeno Laos, por sua vez, mantém o país sob o regime de partido leninista, mas está aberto aos negócios e integra a Associação de Nações do Sudeste Asiático. Assim como o Vietnã, não é importunado pela agenda ocidental de Direitos Humanos, pois representa um contrapeso à China (VISENTINI, 2007).

O caso da Coreia do Norte é bem diferente, pois o país foi ultrapassado economicamente pela Coreia do Sul nos anos 1970 e perdeu importância para a China nas reformas nos anos 1980. A *Perestroika* e a queda da URSS, no início dos anos 1990 deixaram o país em situação de penúria alimentar e energética extrema, necessitando ajuda externa quando o país foi assolado pela fome em 1994-1995. Sem insumos químicos soviéticos para produzir fertilizantes nem petróleo para realizar bombeamento para a irrigação, além de seca e inundações, a agricultura entrou em colapso. Durante a "Marcha Penosa", a fome causou quase meio milhão de mortes (2% da população) e o sistema econômico retrocedeu. Foi inevitável tolerar atividades privadas de comércio interno e externo como forma de sobrevivência individual e obtenção de divisas pelo governo. Produtos chineses e sul-coreanos (inclusive CDs e DVDs) circulam abertamente no país e o regime faz vista grossa, apenas coibindo os "excessos", porque, oficialmente, a economia privada não existe (mas está lá).

A República Democrática Popular da Coreia se entrincheirou e se tornou ainda mais militarizado, utilizando a questão nuclear como forma de ter uma carta diplomática para a sobrevivência do regime. E deu certo, porque o país se tornou membro da ONU e a China mudou de atitude quando o fim da URSS gerou incerteza e se encerrava a aliança com os EUA (VISENTINI, PEREIRA e MELCHIONA, 2014). A Coreia do Norte, além de comerciar com a China, abriu zonas econômicas especiais na periferia de seu território (inclusive com empresas da Coreia do Sul), mas elas funcionam ao sabor da política. Pode-se dizer que, assim como a China, o regime se tornou ainda mais "asiático", segundo Bruce Cumings (2004) uma espécie de "monarquia confuciana". O que Pyongyang deseja é um tratado de paz, reconhecimento do regime e cooperação econômica com os EUA, o que pareceu próximo quando Donald Trump se encontrou com Kim Jong-un em duas oportunidades.

Já o caso de Cuba, único regime socialista no hemisfério ocidental, é singular. Assim como a Coreia do Norte não é um peão da China, tampouco Cuba foi "satélite" da URSS, inclusive tendo sobrevivido metade de sua existência sem ela. A revolução cubana sequer contou com o apoio do Partido Comunista local, que se aliou após a vitória. Ela é socialista, mas também nacionalista e terceiro-mundista. O regime nunca definiu uma identidade rígida, mudando de ênfase em cada conjuntura, preferindo sacrificar o desempenho econômico, do que perder suas bases sociais de apoio (KAPCIA, 2008). Durante a *Perestroika* os irmãos Castro sentiram a mudança na posição soviética e desbarataram um grupo dentro do Ministério do Interior, que buscava controlar o poder e reformá-lo na linha Gorbachev. Haviam sido, até mesmo, estocadas armas, mas o regime reagiu e, inclusive, fuzilou o General Ochoa, após inédito julgamento televisionado. Não fosse isso, o regime teria desaparecido junto com o Leste Europeu. Em 2008 Fidel Castro, enfermo, se afastou da presidência, faleceu em 2016 e em abril de 2021 Raul Castro se aposentou e passou o comando do governo e do partido para uma nova geração, que faz reformas limitadas.

A ilha sobrevive com o turismo para europeus e canadenses e venda de serviços médicos para dezenas de países, como forma de manter seu sistema alimentar, educacional e de saúde. O turismo é feito via *joint ventures* entre o Estado e empresas europeias. Mas em meio a um embargo político e econômico, a vida é quase espartana. Ainda assim, Cuba segue recebendo estudantes estrangeiros de nações pobres nas Escolas Técnicas e Universidades e envia médicos e cooperantes para os mesmos países gratuitamente, recebendo em troca apoio diplomático na ONU. Uma das razões da sobrevivência do regime é a atitude contraproducente da comunidade cubana de Miami, cuja atitude revanchista (apoiada em uma potência considerada inimiga) assusta a população da ilha. Ao reivindicar a recuperação de casas e propriedades rurais confiscadas pelo regime há 60 anos, seu discurso de "levar a democracia" perde credibilidade. Assim como a Coreia do Norte, Cuba explorou com documentários o que ocorreu na Alemanha Oriental, com pessoas perdendo suas residências e empregos para os "libertadores" quando o regime caiu.

AS ESQUERDAS OCIDENTAIS

A erosão ideológica e política das esquerdas teve início nos anos 1950 com a desestalinização promovida por Krushov, que "provou" que o socialismo não era tão bom quanto imaginado, e a emergência da sociedade de consumo euro-americana, que mostrou que o capitalismo não era tão ruim quanto denunciado. Os partidos social-democratas renunciaram à implantação do socialismo e à análise marxista, enfocando a melhoria do capitalismo, e os partidos comunistas da Europa Ocidental adotaram o Eurocomunismo, seguindo pelo mesmo caminho. Logo surgiram os movimentos ecologistas e o Partido Verde, fragmentando ainda mais o espectro político da oposição. A base social de tal mudança, como foi explicado, foi a emergência de uma sociedade de bem-estar social, apoiada em uma economia keynesiana consumista. Não havia mais razão para fazer uma revolução ou lutar pelo socialismo nos países desenvolvidos, o que só aconteceu, a partir de então, no Terceiro Mundo. Mas havia uma luta de ideias, as quais não eram apenas a ideologia anticomunista massificada da Guerra Fria, mas um novo modo de encarar a sociedade.

Jürgen Habermas e a Escola de Frankfurt abriram o caminho na Europa, enquanto o politólogo norte-americano Robert Dall desenvolvia o conceito de *poliarquia,* que motivava o "empoderamento" das minorias (em lugar de uma maioria). O maio de

POR QUE O SOCIALISMO RUIU?

1968 em Paris (com seu maoísmo intelectual) e em outros lugares, acompanhado pela intervenção soviética contra a Primavera de Praga, foi um divisor de águas. Segundo a acadêmica Ellen Wood (1986), a nova esquerda inaugurava o pós-marxismo e a pós--modernidade, criticando a ideia de totalidade e a análise focada na economia e nas classes sociais. Enquanto isto, ironicamente, Margareth Thatcher empreendia a desconstrução da economia keynesiana, do *welfare state* e defendia a classe alta, com uma visão de luta de classes utilizada em proveito da elite britânica. Ernesto Laclau, Barry Hindes, Garet Jones, Paul Hirst, Nicos Poulantzas e Louis Althusser, entre outros, enfocavam as lutas democráticas e os novos movimentos sociais como substitutos da estratégia das esquerdas socialistas históricas. Defendiam a autonomia da política e da ideologia em relação à sociedade e à economia, e os "valores humanos" abstratos (depois "valores universais") em lugar do homem real e seus problemas materiais.

Ellen Wood (1986, 197) sintetizou, objetivamente, a visão da nova esquerda dos anos 1970-1980. Segundo esta corrente, a classe operária não teria produzido a revolução prevista por Marx, devido ao fato de não haver, necessariamente, uma conexão entre economia e política, nem interesse em socialismo por parte dos operários. Assim, o movimento socialista não necessitava se ligar a aspectos econômicos e poderia se articular apenas no plano ideológico e político, através de diversos segmentos populares. Por fim, dever-se-ia objetivar os valores humanos universais (como Gorbachev apregoou) e uma pluralidade de lutas "democrático-radicais" setoriais contra as desigualdades e a opressão. Tais reflexões se baseavam, essencialmente, na realidade dos países desenvolvidos, mas foram generalizadas. Estava aberta a porta para as políticas identitárias, com a "defesa de minorias" substituindo o conceito de maioria dominada. O cenário estava pronto para a "Terceira Onda" de democratização, como teorizou Samuel Huntington, que sacudiria o mundo nos anos 1970-1980.

O desaparecimento da União Soviética encerrou o ciclo histórico da primeira geração de revoluções socialistas nucleadas pela Revolução Russa no século 20. Nas esquerdas do mundo inteiro,

5. DEBATES ATUAIS E PERSPECTIVAS FUTURAS

como forma de consolo, forjou-se a narrativa que considerava o fato como "o fim do estalinismo" e a abertura de novas oportunidades políticas. Mas o que ocorreu foi uma deserção generalizada, o abandono de princípios e estratégias básicas ou o entrincheiramento autocentrado, num discurso voltado ao passado. Até hoje a esquerda não fez uma análise e uma autocrítica realista sobre esse processo e aderiu, oportunistamente, ao mundo pós--moderno. Com discursos moderados ou radicais, a esquerda se tornou incapaz e politicamente autista. Hoje, seu maior objetivo é mostrar que é capaz de administrar a economia de mercado de forma mais competente que os liberais, enquanto fomenta ideologias identitárias. Elas implantaram a arrogante e doentia narrativa do "politicamente correto", que destrói o convívio social (ao jogar uns contra outros) e desfigura as instituições. Apenas para desconstruir um mundo, como consolo por não saberem transformá-lo.

No plano global a esquerda perdeu o foco e a identidade, enquanto suas bases sociais desapareciam. O emprego de tecnologia, de mão de obra estrangeira e temporária, a terceirização, o trabalho autônomo ou por aplicativo e outras estratégias de flexibilização, debilitaram as bases sindicais. A esquerda simplesmente não conseguiu criar políticas para os novos segmentos sociais. Em lugar disso, defende formas limitadas de resistência (e adaptação) ao capitalismo neoliberal, gerando nichos pré-modernos, ou políticas públicas compensatórias com dinheiro do Estado. Ela não tem, atualmente, projetos para disputar a hegemonia com a economia de mercado.

A globalização e o neoliberalismo, que caracterizam o capitalismo contemporâneo, fizeram a esquerda se concentrar numa postura de defesa dos poucos grupos sociais que ainda têm emprego público ou privado formal. Todavia, esses são setores que, proporcionalmente, estão se tornando minoritários pois, cada vez mais uma parcela crescente das pessoas exerce atividades terceirizadas ou integra uma espécie de "proletariado cibernético" atomizado (trabalhando via internet ou aplicativos de celulares). Enquanto os primeiros representam o segmento mais explorado pelo sistema, num quadro de extrema precarização, os segundos, apesar de também explorados, desenvolvem uma ideologia que acredita no triunfo individual. Esta é a razão pela qual, nas últimas décadas, os grupos dominantes tanto insistem no conceito de "empreendedorismo"

A isso tudo, deve-se agregar algo novo nos países periféricos, que são os imigrantes, permanentes ou temporários. No caso do Brasil, há os bolivianos, paraguaios, africanos e haitianos, entre outros. Todos esses, como os anteriores, compõem segmentos informalizados e sem acesso a sindicatos ou seguridade social. Trata-se de um público que a esquerda enfoca apenas sob o prisma ético-humanitário e pouco faz para mobilizá-los e contribuir para que adquiram consciência social. Ao sabor das conjunturas econômicas ou políticas, eles são jogados uns contra os outros (taxistas contra *ubers*) ou permanecem na ignorância recíproca em megacidades permeadas pela violência. O consumo massificado de drogas, por sua vez, gera nichos para alienar a juventude e para dissolver os segmentos marginalizados e descartados pela inovação econômica (cracolândias).

A esquerda liberal está focada em eleições e na boa gestão do capitalismo, enquanto critica as experiências socialistas derrotadas ou as ainda vigentes baseada em princípios definidos pelos adversários. A esquerda não liberal, por sua vez, segue num culto acrítico ao passado ou apenas adota a crítica sistemática às outras esquerdas, sem realizar nada de concreto. Assim, a ação se torna difícil, pois os conservadores têm o que conservar, e se unem quando necessário, ao passo em que a esquerda diverge sobre um futuro abstrato e tende a se dividir entre um pragmatismo oportunista ou um idealismo de princípios, ambos divorciados da realidade.

5. DEBATES ATUAIS E PERSPECTIVAS FUTURAS

POR QUE O LESTE SE TORNOU ANTILIBERAL, AUTORITÁRIO E "NACIONAL-POPULISTA"?

A RÚSSIA, DE IÉLTSIN A PUTIN

A Rússia pós-soviética foi governada por Iéltsin até o fim de 1999, quando renunciou em favor de Vladimir Putin (para evitar seu *impeachment*). Foi um período desastroso e traumático, pois o PIB caiu quase pela metade nos primeiros anos e, uma vez no poder, o "democrata" se revelou autoritário e errático, inclusive bombardeando a Duma (parlamento) em 1993, para desalojar seus opositores. As máfias floresceram, se tornando internacionalizadas, a criminalidade e os conflitos, como o da Chechênia, marcaram o declínio da nação. As privatizações produziram um grupo de bilionários em volta do presidente, dilapidando o patrimônio público nacional, enquanto a maioria mergulhava na pobreza absoluta. A população, a expectativa de vida e o número de nascimentos caíram drasticamente, enquanto o desemprego crescia. Grande parte das aldeias foi abandonada, idosos morriam de frio por não poder pagar calefação, além de surgir prostituição, abandono de crianças, consumo de drogas, suicídios e devastação ambiental. Assim como a implantação do socialismo causou sofrimento, sua "abolição" na Rússia também provocou imensas provações. O Estado, chefiado por um líder sempre alcoolizado, viveu um caos administrativo, não conseguindo sequer cobrar tributos das províncias e correndo o risco de desintegração da federação russa remanescente.

No plano internacional, a Rússia herdou a posição da URSS na ONU, mas praticou uma improdutiva diplomacia pró-ocidental, divorciada da realidade e do interesse nacional. Com Vladimir Putin, houve certa recuperação social, política, econômica e internacional, disciplinando os oligarcas e combatendo a criminalidade e o caos administrativo. Isso foi conseguido retomando certas políticas sociais e símbolos da época da URSS para as classes populares e rearticulando as forças armadas, mas também restaurando a cultura política russa, de tendência centralizadora e autoritária, para desconforto da classe média liberal. Sua contínua reeleição revela mais fragilidade do que força, pois falta ao país uma identidade nacional e ao Estado um partido de sustentação, como na China. A população, em linhas gerais, o apoia, mas ele teve que bloquear canais de ingerência externa na Rússia, e aumentar o controle sobre a sociedade. O país voltou a se associar com várias ex-repúblicas soviéticas, o que lhe valeu a rivalidade ocidental e conflitos com a Geórgia e a Ucrânia. Contudo, apesar dessa recuperação, a Rússia segue qualitativamente mais débil que a URSS e seu capitalismo de apadrinhados não deseja nem pode recriá-la. Seu PIB equivale ao da Espanha, que tem uma população equivalente a apenas 30% da russa.

Um problema geopolítico criado pelo desaparecimento da URSS foi o surgimento de uma faixa de instabilidade na zona de fratura entre o ex-bloco soviético e o mundo capitalista, especialmente nos Bálcãs, no Oriente Médio e na Ásia Central. Os mais graves conflitos e tensões do último quarto de século ocorrem nessas regiões. Como reação a isso, a Rússia e a China passaram a cooperar, ainda mais quando o Ocidente começou a pressioná--las, e a elas se uniram várias nações asiáticas na Organização de Cooperação de Xangai. Além dessa nova geopolítica eurasiana, os dois gigantes comunistas do século 20 deram vida ao BRICS, que tanta apreensão provoca no Ocidente. Afinal, a China se tornou a segunda economia do mundo e a Rússia é uma potência energética e, graças ao legado soviético, tem capacidade militar de dissuasão, indústria aeroespacial de ponta e tecnologia militar avançada. Todavia, Rússia e China são aliadas, *ma non tropo*, pois a situação de ambas é diversa e há desconfiança.

LESTE EUROPEU: UMA INTEGRAÇÃO DIFÍCIL E PARCIAL NO MUNDO DO MERCADO

No Leste Europeu a recuperação econômica após a queda do socialismo não poderia ser obtida apenas com reformas neoliberais domésticas, pois necessitava da integração ao núcleo econômico ocidental, no caso, a União Europeia. Da mesma forma, a

5. DEBATES ATUAIS E PERSPECTIVAS FUTURAS

estabilidade política interna e o afastamento em relação à URSS seriam condições necessárias. A Alemanha Oriental fora absorvida, por razões políticas, à Alemanha Federal, a um custo elevado na conversão do marco oriental pelo ocidental na paridade de 1:1. A Polônia, a República Tcheca, a Eslováquia e a Hungria, os outros países mais prósperos do Leste, constituíram o Grupo de Visegrad, preparando a transição institucional para a adesão à UE, enquanto a Romênia e a Bulgária teriam um caminho mais longo. Em 1991, a URSS entraria em colapso, quando a República Federal Socialista Soviética da Rússia, sob controle de Boris Iéltsin, optou por abandonar (e assim dissolver) a União. Os nacionalistas, que buscavam a independência nas demais Repúblicas, tiveram, assim, sua oportunidade de secessão. Como foi visto, não foram elas que acabaram com a URSS, mas a Rússia.

A adaptação foi diferenciada no Leste Europeu, com alguns países tendo melhores condições que outros. Grandes cidades como Varsóvia, Praga e Budapeste fizeram uma reconversão mais rápida, enquanto as cidades menores e a zona rural, além dos países mais atrasados, sofreram um impacto negativo. Mas parte da população desempregada tinha a possibilidade de trabalhar na Europa Ocidental e remeter dinheiro para suas famílias. Outros se dedicaram à formação de redes de ilícitos transnacionais, como drogas, prostituição, tráfico de pessoas, armas, máfias, jogo e contrabando. Mas em função da Guerra da Iugoslávia, foram sendo incorporados à OTAN a partir de 1999, com estímulo político norte-americano. O apoio econômico caberia à União Europeia, que impunha uma série de condicionalidades para a recepção de apoio e adesão: aceitar a agenda democrática de Bruxelas e reformas econômicas liberais.

As clivagens nacionais e regionais não decorriam de diferenças étnicas, mas da posição adotada em relação às reformas, em que alguns países foram mais cautelosos e outros mais ousados (THER, 2016). Governos conservadores chegaram ao poder e a esquerda (reformada), às vezes, retomava ao governo. Mas, gradativamente, as duas forças políticas pouco se diferenciavam, pois a adesão dependia da adoção das reformas neoliberais. Houve desindustrialização e desemprego, mas as dificuldades foram suportadas por duas décadas de esperança no Leste. Em 2004 a Estônia, a Letônia, a Lituânia (bálticos ex-soviéticos), a Polônia, a Tchéquia, a Eslováquia, a Hungria e a Eslovênia (parte da ex--Iugoslávia) foram integradas na UE, bem como Malta e Chipre. Em 2007 a Romênia e a Bulgária foram integradas, embora não estivessem preparadas, e em 2013 a Croácia. Tal ampliação teve impacto na gestão comunitária em termos de distribuição de poder e de recursos, gerando tensões. A problemática aprovação da Constituição Europeia é uma evidência das dificuldades surgidas.

O perfil da União Europeia mudou muito, e o Leste Europeu se converteu em uma espécie de ácido, que está corroendo a integração e o modelo societário do velho continente. O politólogo Jan Zielonka (da Universidade de Oxford), demonstrou, com muita acuidade, que a integração de países fragmentados do Leste tornou a UE um Império neomedieval de pequenos Estados. É semelhante ao Sacro Império Romano-Germânico, com um centro forte em Bruxelas, e uma periferia manipulável e semi-soberana. Dos 27 Estados-membro apenas 7 Estados (incluindo o Reino Unido) tem população superior a 20 milhões de habitantes (THER, 2016, p. 52). A média do PIB caiu muito com a ampliação para o Leste e muitos não tem condições de aderir ao Euro. O estabelecimento de políticas comunitárias também se tornou extremamente difícil. Tudo isso se complicou ainda mais com a grande recessão de 2008-2009, que afetou a Libra e o Euro, com países se tornando fortemente deficitários e endividados e com imensos problemas sociais, como é o caso da Grécia e de várias nações do Leste.

O LESTE CONTRA BRUXELAS: "EASTEXIT"?

Desigualdades sociais crescentes, dificuldades econômicas, migrações internas e criminalidade transnacional se tornaram problemas graves, especialmente no Leste. Com a crise de 2008-2009, centenas de milhares de trabalhadores orientais que se encontravam no Oeste perderam o emprego e tiveram de retornar aos países de origem, agravando a estabilidade da governança

5. DEBATES ATUAIS E PERSPECTIVAS FUTURAS

de suas nações. As políticas de apoio financeiro de Bruxelas, sob pressão alemã, vieram condicionadas a mais sacrifícios baseados em uma agenda neoliberal, e a reação das lideranças do Leste foi abraçar discursos nacional-populistas e autoritários, com respaldo popular. A narrativa adotada foi a de que 1989 teria sido uma "Revolução" apropriada por elites neocomunistas e por "imperialistas" da Europa Ocidental. Hoje a narrativa é nacionalista e antieuropeia. A falta de recursos para políticas públicas sociais compensatórias foi preenchida pela xenofobia contra os imigrantes e a perseguição de minorias étnicas, como os ciganos. As próprias agendas comunitárias de Direitos Humanos foram colocadas em questão, especialmente pela Hungria de Viktor Orbán e pela Polônia (VISENTINI, in ESPÓSITO, 2021).

Por mais paradoxal que possa parecer, o modelo político que passou a servir de referência no Leste foi o da Rússia de Putin, da China, da Turquia, dos Estados Unidos de Trump e de governos conservadores da América Latina (MARK, IACOB, RUPPRECHT, SPASKOVSKA, 2019). O apoio da UE ao separatismo no Leste nos anos 1990, por sua vez, como um bumerangue se voltou contra o Oeste, agravando problemas de separatismo como o da Catalunha e o da Escócia. E o *Brexit* criou um precedente para a própria saída da União por parte de certos países do Leste (haveria um "*Eastexit*"?), que veem melhores oportunidades econômicas na relação com a Rússia e a China. É curioso que isto se dá enquanto apoiam os Estados Unidos e a OTAN, em termos de política e defesa, contra interesses da UE e agendas comunitárias. Mas esta também é uma contradição do próprio núcleo-duro franco--alemão, que está vinculado ao Atlantismo da OTAN no tocante à defesa (embora rejeitem aumentar os gastos na área) mas tem interesses econômicos eurasianos (com a Rússia e a China), mesmo apoiando sanções contra Moscou a até contra Pequim.

Depois de décadas de uma integração bem-sucedida, a União Europeia enfrenta imensos desafios atualmente. A desestabilização de seu entorno meridional desde a Primavera Árabe provocou um aumento exponencial no fluxo de refugiados e imigrantes, que se somou à crise econômica e ao desgaste do Estado de

Bem-Estar Social. Em toda a Europa crescem rapidamente os movimentos de extrema-direita (às vezes camuflados de "nacional-populistas"), mas os Estados ocidentais têm conseguido contê-los dentro de certos limites, o que já não é o caso do Leste Europeu. A isto pode ser acrescido o forte impacto da Revolução Tecnológica no mercado de trabalho e o questionamento da globalização neoliberal, agora por forças conservadoras, que investem contra os mecanismos institucionais do multilateralismo.

A ampliação da integração europeia para o Leste, com o fim da Guerra Fria, fora marcada por uma convergência um tanto *naïve*, que agora se expressa como divergência explícita. O fenômeno exige uma compreensão científico-realista da evolução e da situação atual da Europa Oriental, em lugar de narrativas "politicamente corretas", baseadas em propostas ideológico-prescritivas. Não é difícil entender o apoio aberto pela maioria da sociedade aos políticos nacional-populistas e a simpatia difusa à extrema-direita de partidos como a Alternativa para a Alemanha, que é mais forte no Leste. A população foi doutrinada pelo III Reich, e deu no que deu. Então, houve um sistema que se declarava socialmente justo, o socialismo, mas ele se mostrou ditatorial e fracassou economicamente. Então o povo foi resgatado por uma "Revolução libertadora", que trouxe a "democracia" (compreendida como sociedade de consumo), mas com ela não se jogou fora apenas a água suja, mas também a banheira e, em alguns casos, até o bebê. Todos acharam que seriam prósperos, mas não era possível ter o melhor de cada sistema, a estabilidade social de um e o consumismo liberal do outro, e a euforia com a integração na Europa tinha custos e veio a crise. Há um sentimento popular profundo de dupla frustração, que busca culpados, e o avanço do conservadorismo no Leste Europeu e na ex-URSS é sintoma de um mal-estar social, que necessita ser compreendido e remediado, e não apenas condenado moralmente.

LEITURAS INDICADAS

AGANBEGUIAN, Abel. *A revolução na economia soviétic*a: a Perestroika. Lisboa: Publicações Europa-America, 1988.

ARMSTRONG, Charles. *The North Korea Revolution (1945-1950)*. Ithaca and London: Cornell University Press, 2003.

AZICRI, Max. *Cuba*: politics, economics and society. London/New York: Pinter Publishers, 1988. (Marxist Regimes)

BERECZ, Janos. *A contra-revolução húngara*. Lisboa: Seara Nova, 1977.

BERESFORD, Melanie. *Vietnam*: politics, economics and society. London/New York: Pinter Publishers, 1986. (Marxist Regimes)

BERLIN, Isaiah. *Karl Marx*. São Paulo: Siciliano, 1991.

BETTANIN, Fabio. *A coletivização da terra na URSS. Stalin e a "Revolução do Alto" (1929-1933)*. Rio de Janeiro: Civilização Brasileira, 1981.

BLANC, André. *L'Europe socialiste*. Paris: PUF, 1974.

BOFFA, Giuseppe. *Depois de Kruschev*. Rio de Janeiro: Civilização Brasileira, 1967.

_____. *Storia dell'Unione Soviética*. Milano: Arnoldo Mondadori, 1976. 2 v.

BOREK, David, CARBA, Tomás, KORÁB, Alexandr. *Legacy*. Prague: Museum of Communism, 2003.

BREN, Paulina. *The Greengrocer and his TV. The Culture of Communism after the 1968 Prague Spring*. Ithaca/ London: Cornell University Press, 2010.

BROUÉ, Pierre. *Os Processos de Moscovo*. Lisboa: Liv. Moraes, 1966.

BROWN, Archie (Ed.). T*he demise of marxism-leninism in Russia*. London: Palgrave/ Macmillan, 2004.

CABRAL, Amílcar. *A arma da teoria*. Rio de Janeiro: Codecri, 1980.

CARR, Edward. *A Revolução Russa de Lenin a Stalin (1917-1929)*. Rio de Janeiro: Zahar, 1981.

CHAN, Stephen; WILLIAMS, Andrew. *The Renegade States. The evolution of revolutionary foreign policy.* Manchester: Manchester University Press, 1985.

CHAUBIN, Frédéric. *CCCP.* Cosmic Communist Constructions Photographed. Köln: Taschen, 2011.

CLARK, Katerina. *Moscow, the fourth Rome.* Stalinism, cosmopolitanism, and the evolution of soviet culture (1931-1941). Cambridge: Massachusetts/ London: Harvard University Press, 2011.

CLAUDIN, Fernando. *A oposição ao "socialismo real".* Rio de Janeiro: Marco Zero, 1989.

CLEGG, Jenny. *China's global strategy.* Towards a multipolar world. London: Pluto Press, 2009.

CLOSE, David. *Nicaragua:* politics, economics and society. London/ New York: Pinter Publishers, 1988. (Marxist Regimes)

COURTOIS, Stéphane et al. *O livro Negro do Comunismo.* Lisboa: Quetzal Editores, 1998.

CUMINGS, Bruce. North Korea. New York: The New Press, 2004.

D'ENCAUSSE, Helène Carrère. *The end of Soviet Empire.* New York: A New Republic Book, 1993.

DAVIES, R. W. S*oviet economic development, from Lenin to Krushchev.* Cambridge: Cambridge University Press, 1998.

DAVIS, Mike. "Imperialismo nuclear e dissuasão extensiva", in THOMPSON, Edward. *Exterminismo e Guerra Fria.* São Paulo: Brasiliense, 1985

DELMAS, Claude. Le Pacte de Varsovie. Paris: Presses Universitaires de France, 1981.

DALLIN, Alexander & LARSON, Thomas (Eds). *Soviet Politics since Khrushchev.* Englewood Cliffs, NJ: Prentice-Hall, 1968.

DENNIS, Mike. *German Democratic Republic:* politics, economics and society. London/New York: Pinter Publishers, 1988. (Marxist Regimes)

DEUTSCHER, Isaac. *A Revolução Inacabada.* 50 anos de história soviética. Rio de Janeiro: Civilização Brasileira, 1967.

___. *Stalin.* Rio de Janeiro: Civilização Brasileira, 1970. 2 v.

___. *Trotsky.* Rio de Janeiro: Civilização Brasileira, 1969. 3 v.

___. *La década Jrushov.* Madrid: Alianza Editorial, 1971.

___. *Rusia, China y Occidente.* México: Era, 1972.

___. *Marxismo, guerras e revoluções.* São Paulo: Ática, 1991.

DILLON, Michael. *Mongolia.* London: I. B. Tauris, 2020.

DOBB, Maurice et al. *La economia de los paises socialistas.* Barcelona: Salvat, 1973.

LEITURAS INDICADAS

BOBBIO, Norberto. Dicionário de Política. Brasília: Editora da UnB, 1986.

DORRONSORO, Gilles. *Revolution Unending*. Afghenistan: 1979 to the present. London: Hurst & Company, 2005.

FEJTÖ, François. *História de las Democracia Populares*. Barcelona: Martines de Roca, 1971. 2 vols.

FERNANDES, Luis. *URSS, ascensão e queda*. A economia política das relações da União Soviética com o mundo capitalista. São Paulo: Anita Garibaldi, 1991.

___. *A Revolução Bipolar*. Rio de Janeiro: Ed. PUC-Rio, 2017.

FEVZIU, Blendi. *Enver Hoxha*. The iron fist of Albania. London/ New York. I. B. Tauris, 2018.

FOY, Colin. *China*: politics, economics and society. London/New York: Pinter Publishers, 1988. (Marxist Regimes)

FULBROOK, Mary. *The People's State*. East German society from Hitler to Honecker. New Haven: Yale Uuniversity Press, 2005.

GLASER, Daryl; WALKER, David (Ed.). *Twentieth Century Marxism*. London/New York: McMillan, 2007.

GORBACHEV, Mikhail. Perestroika. São Paulo: Best Seller, 1987.

_____l. *Glasnost*. A política da transparência. São Paulo: Brasiliense, 1987.

GRAZIOSI, Andrea. *L'URSS di Lenin e Stalin*. Storia dell'Unione Sovietica 1917-1945. Bologna: Il Mulino. 2007.

___. *L'URSS dal trionfo al degrado*. Storia dell'Unione Sovietica 1945-1991. Bologna: Il Mulino. 2008.

GUPTA, Bhabani. *Afghanistan*: politics, economics and society. London/New York: Pinter Publishers, 1987. (Marxist Regimes)

HALLIDAY, Fred. *Revolution and World Politics*. The rise and fall of the sixth great power. Durham: Duke University Press, 1999.

HALLIDAY, Fred; MOLINEUX, Maxime. *The Ethiopian Revolution*. London: Verso, 1981.

HAMMER, Armand. *Um capitalista em Moscou*. São Paulo: Best Seller, 1989.

HATHERLEY, Owen. *Landscapes of communism*. New York: Allen Lane, 2015.

HEINRICH, Hans-Georg. *Hungary*: politics, economics and society. London/New York: Pinter Publishers, 1986. (Marxist Regimes)

HIGHAM, Robin; KAGAN, Frederic (Ed.). *The military history of the Soviet Union*. New York: Palgrave McMillan, 2010.

HILL, Christopher. *Lenin e a Revolução Russa*. Rio de Janeiro: Zahar, 1977.

HILL, Ronald. *Soviet Union*: politics, economics and society. London/ New York: Pinter Publishers, 1988. (Marxist Regimes)

HOBSBAWM, Eric. *História do Marxismo*. Rio de Janeiro: Paz e Terra, 1983/1989. 12 v.

HUDSON, Kate. Breaking the south slav dream. The rise anda fall of Yugoslavia. London: Pluto Press, 2003.

HUNT, E.; SHERMAN, H. *Economia comparada*: mundo socialista. Petrópolis: Vozes, 1977.

ISMAEL, Tareq; ISMAEL, Jacqueline. *P.D.R. of Yemen*: politics, economics and society. London/New York: Pinter Publishers, 1988. (Marxist Regimes)

KALASHNIKOV, M. *Rajadas da História*. Rio de Janeiro: Jorge Zahar, 2005.

KAPCIA, Antoni. *Cuba in revolution*: a history since the fifties. Londres: Reaktion Books. 2008.

KEERAN, Roger; KENNY, Thomas. *Socialism betrayed*. Behind the collapse of the Soviet Union. New York: International Publishers, 2008.

KOLANKIEWICZ, George; LEWIS, Paul. *Poland:* politics, economics and society. London/New York: Pinter Publishers, 1988. (Marxist Regimes)

KOTKIN, Stephen. *A sociedade incivil*: 1989 e a derrocada do comunismo. São Paulo: Objetiva, 2013.

___. *Stalin*. São Paulo: Objetiva, 2017. (2º e 3º vol. em inglês)

LAVRISCHEV, A. N. *Geografia Economica de la URSS*. Moscu: Editorial Progreso, [1968].

LeoGRANDE, William. *Cuba's Policy in Africa*, 1959-1980. Berkeley: University of California, 1980.

LENIN, V. *Obras Escogidas*. Moscú: Progreso, 1979. 12 v.

LESAGE, Michel. *Les régimes politiques de l'URSS et de l'Europe de l'Est*. Paris: PUF, 1971.

LÉVESQUE, Jacques. *L'URSS et sa politique internationale de Lénine à Gorbachev*. Paris: Armand Colin, 1987.

LEWIN, Moshe. *O Século Soviético*. Rio de Janeiro: Record, 2006.

___. *O fenômeno Gorbachov*. Rio de Janeiro: Paz e Terra, 1988.

LEWIS, Paul. *Central Europe since 1945*. Harlow: Longmann, 1994.

LI, Minqi. *The rise of China and the demise of capitalist world economy*. New York: Monthly Review, 2008.

LOSURDO, Domenico. *Stalin, história crítica de uma lenda negra*. Rio de Janeiro: Ed. Revan, 2010.

LOTH, Wilfred. *Stalin's unwanted child.* The Soviet Union, the German Question and the founding of the GDR. London: Macmillan Press, 1998.

MADAR, Zdener et all. *República Socialista da Checoslováquia.* Lisboa: Estampa, 1976.

MARK, James, IACOB, Bogdan, RUPPRECHT, Tobias, and SPASKOVSKA, Ljubica. *1989*: a global history of eastern Europe. Cambridge: Cambridge University Press, 2019.

MARKAKIS, John; WALLER, Michael. *Military Marxist Regimes in Africa.* London: Frank Cass, 1986.

MARX, Karl; ENGELS, Friederich. *Obras Escolhidas.* São Paulo: Alfa-Omêga, 1985. 3 v.

MATTHEWS, Mervyn. *Clases y sociedade en la Unión Soviética.* Madrid: Alianza Editorial, 1977.

MAWDSLEY, Evan. *The Russian Civil War.* Edinburgh: Birlinn, 2017.

MILIBAND, Ralph. *Divided societies.* Oxford: Oxford University Press, 1989.

MILLS, C. Wright. *Os marxistas.* Rio de Janeiro: Zahar, 1968.

McDERMOTT, Kevin. *Stalin, revolutionary in an Era of War.* Houndmills: Palgrave/ Macmillan, 2006.

___. *Communist Czechoslovakia,* 1945-89. London: Palgrave/ Macmillan, 2015.

McFARLANE, Bruce. *Yugoslavia*: politics, economics and society. London/New York: Pinter Publishers, 1988. (Marxist Regimes)

McINTYRE, Robert. *Bulgaria:* politics, economics and society. London/ New York: Pinter Publishers, 1988. (Marxist Regimes)

McLELLAN, David. *Marxism after Marx.* Basingstoke/New York: Palgrave MacMillan, 2007.

MEDVEDEV, Zhores, e MEDVEDEV, Roy. *Um Stalin Desconhecido.* Rio de Janeiro: Record, 2006.

MEDVEDEV, Zhores. *Gorbachev.* Rio de Janeiro: José Olympio, 1987.

MEDVEDEV, Jaurés. *Andropov au pouvoir.* Paris: Flammarion, 1983.

MILLS, C. Wright. *Os marxistas.* Rio de Janeiro: Zahar, 1968.

MEZZETTI, Fernando. *De Mao a Deng:* a transformação da China. Brasília: Editora da Universidade de Brasília, 2000.

MORAES, Fernando. *Os últimos soldados da Guerra Fria.* São Paulo: Companhia das Letras, 2011.

MORENO, Nahuel; MANDEL Ernest. *China x Vietnã.* São Paulo: Editora Versus, 1979.

NOVE, Alec. *An economic history of the USSR.* Harmondsworth: Penguin, 1984.

PALAU, Josep. *El espejismo Yugoslavo.* Marid: Del Bronce Emece, 1996.

PATMAN, Robert. *The Soviet Union in the Horn of Africa.* Cambridge: Cambridge University Press, 1990.

PROSKURIN, Alexandr (Red). *URSS, crônica de um decênio.* Moscu: Novosti/ Mexico: Editorial Diana, 1991.

REIS Filho, Daniel Aarão. *As Revoluções Russas e o Socialismo Soviético.* São Paulo, Unesp, 2003.

ROSENBERG, Arthur. *História do Bolchevismo.* Belo Horizonte: Oficina de Livros, 1989.

SADOVSKI, Michal. *Polônia, sistema político e desenvolvimento socialista.* Lisboa: Estampa, 1976.

SANDERS, Alan. *Mongolia*: politics, economics and society. London/ New York: Pinter Publishers, 1987. (Marxist Regimes)

SCHWAB, Peter. *Ethiopia:* politics, economics and society. London: Francis Pinter, 1985. (Marxist Regimes)

SEGRILLO, Angelo. *O declínio da URSS.* Um estudo das causas. Rio de Janeiro: Record, 2000a.

SEGRILLO, Angelo. O *fim da URSS e a Nova Rússia*: De Gorbachov ao Pós-Ieltsin. Petrópolis: Vozes, 2000b.

SHAFIR, Michael. Romania: politics, economics and society. London/ New York: Pinter Publishers, 1985. (Marxist Regimes)

SINGH, Prem. Soviet Collapse. How and why. Chandigarh: Inistar, 2008.

SOMERVILLE, Keith. *Angola:* politics, economics and society. London/ New York: Pinter Publishers, 1989. (Marxist Regimes)

STALIN. *O marxismo e o problema nacional e colonial.* São Paulo: Ciências Humanas, 1979.

_____. *Problemas econômicos do socialismo na URSS.* São Paulo: Anita Garibaldi, 1985.

STUART-FOX, Martin. *Laos*: politics, economics and society. London/ New York: Pinter Publishers, 1988. (Marxist Regimes)

TIGRID, Pavel. *A Primavera de Praga.* Rio de Janeiro: Biblioteca do Exército Editora, 1970.

THER, Philipp. *Europe since 1989:* a history. Princeton: Princeton University Press, 2016.

THOMPSON, Willie. *The communist movement since 1945.* Oxford: Blackwell, 1998.

TOMPSON, William. *The Soviet Union under Brezhnev.* Harlow: Pearson/Longman, 2003.

TORP, Jens. *Mozambique*: politics, economics and society. London/ New York: Pinter Publishers, 1989. (Marxist Regimes)

LEITURAS INDICADAS

TROTSKY, Leon. *A Revolução Traída*. São Paulo: Global, 1980.

___. *História da Revolução Russa*. Rio de Janeiro: Paz e Terra, 1977. 3 v.

VICKERS, Miranda. *The Albanians*. A modern history. London/ New York: I. B. Tauris, 2014.

VICKERY, Michael. *Kampuchea*: politics, economics and society. London/New York: Pinter Publishers, 1987. (Marxist Regimes)

VISENTINI, Paulo. *Os paradoxos da Revolução Russa (1917-1991)*. Rio de Janeiro: Alta Books, 2017.

___. *O Eixo e a URSS na Segunda Guerra*. Porto Alegre: Leitura XXI/ Nerint-UFRGS, 2020.

___. *A Revolução Vietnamita*. São Paulo: Unesp, 2007.

___. *As Revoluções Africanas:* Angola, Moçambique e Etiópia. São Paulo: Unesp, 2012.

VISENTINI, Paulo Fagundes, PEREIRA, Analúcia Danilevicz, MARTINS, José Miguel, RIBEIRO, Luiz Dario, GRÖHMANN, Luiz Gustavo. *Revoluções e Regimes Marxistas*. Porto Alegre: Leitura XXI/ Nerint-UFRGS, 2012.

VISENTINI, Paulo, PEREIRA, Analúcia, e MELCHIONA, Helena. *A Revolução Coreana*. São Paulo: Unesp, 2013.

VISENTINI, Paulo. "A transição do Leste e sua integração na UE", in ESPÓSITO Neto, Tomaz (Org.). União Européia, visões do Sul. Foz do Iguaçu: Editora IDESF, 2021.

WEBB, Sidney, e WEBB, Beatrice. *URSS, uma nova civilização*. Rio de Janeiro: Calvino, 1945. 2 v.

WELTER, Gustave. *Historia de la Rusia Comunista (1917-1935)*. Madrid/ Barcelona: Joaquin Gil Editora, 1936.

WERTH, Alexander. *A Rússia na Guerra*. Rio de Janeiro: Civilização Brasileira. 1966, 2 v.

WESTAD, Odd Arne (Ed.). *Brothers in Arms*. The rise and fall of sino-soviet alliance 1945-1963. Stanford: Stanford University Press, 1998.

_____. The global Cold War. Cambridge: Cambridge University Press, 2007.

WILBER, Charles. *The Soviet Model and Underdeveloped Countries*. Chapell Hill: University of North Carolina Press, 1969.

WILSON, Edmund. *Rumo à Estação Finlândia*. São Paulo: Companhia das Letras, 1987.

WOOD, Ellen Meiksins. *The retreat from class*. A New "true" Socialism. London: Verso, 1986.